Rethink ou comment repenser l'industrie de la créativité

Catalogage avant publication de
Bibliothèque et Archives Canada
ISBN 978-1-77327-106-4 (livre relié)

Conception : Rethink
Révision (version anglaise) :
Michael Leyne
Photographie de couverture :
Clinton Hussey

Police de caractères : Tiempos Text
et Circular
Imprimé sur Rolland Opaque

Imprimé et relié au Canada
par Friesens
Distribution internationale
par Publishers Group West

Figure 1 Publishing Inc.
Vancouver (C.-B.) Canada
figure1publishing.com

Figure 1
Vancouver / Berkeley

Rethink ou comment repenser l'industrie de la créativité

Ian Grais,
Tom Shepansky,
Chris Staples

À tous les Rethinkers et clients qui croient en nous.

Table des matières

Préface

Quand les trois fondateurs de Rethink m'ont demandé d'écrire cet avant-propos, je me suis senti flatté, mais étonné. « Pourquoi moi ? », ai-je demandé. « Ça fait plus de deux décennies que je ne suis plus dans l'industrie ! »

Leur réponse : « Parce que tu étais là en plein milieu de la renaissance créative de la côte Ouest qui s'est amorcée il y a 50 ans. Tu étais présent à des moments historiques. Tu as côtoyé des légendes : Steve Jobs, Jay Chiat, Lee Clow, Frank Gehry. Et tu as travaillé avec des pionniers de la technologie comme Intel, Apple et Fairchild. »

J'ai suivi le cheminement de Chris, Tom et Ian depuis qu'ils ont fondé Rethink en 1999. Ils étaient mes concurrents, mais quand ils ont ouvert leur agence, je suis vite devenu un de leurs plus grands fans. J'enviais leur talent, leur enthousiasme et leur engagement. Ils avaient le même esprit fougueux que j'avais observé chez de grands créatifs partout sur la côte Ouest. Nous sommes restés en contact. J'ai toujours pris plaisir à parler avec eux.

Tom m'a appelé en octobre. Il m'a dit que lui, Chris et Ian étaient à Los Angeles en train de planifier leur vingtième anniversaire. Il m'a invité à venir les rejoindre tout près de chez moi, à Malibu.

Rethink était sur une lancée assez extraordinaire : la boîte avait fleuri jusqu'à atteindre le sommet du palmarès des agences créatives canadiennes indépendantes, avec une production créative, durant les 20 dernières années, supérieure à celle de toute autre agence au pays. Deux semaines plus tard, elle serait sacrée meilleure agence numérique au Canada.

Le jour de l'ouverture, avant même que la peinture soit sèche sur les murs, je leur avais offert une très bonne bouteille de Bookers pour célébrer la naissance de Rethink. Je leur avais dit de la garder pour « un moment marquant ». « Quand il va se présenter, vous le saurez. »

Ian avait rigolé : « Peut-être demain, quand l'électricien finira par faire fonctionner le courant. »

Le grand moment est arrivé quatre ans plus tard, quand le *Marketing Magazine* a désigné Rethink comme l'agence canadienne de l'année. Ils organisaient une fête pour célébrer la victoire et Tom m'a invité. « On ouvre le Bookers et on veut le partager avec toi. » L'événement était un véritable rassemblement d'amour. Rempli de jeunes passionnés prêts à s'amuser. Ça m'a rappelé les années de gloire de Chiat/Day et de Goodby Silverstein. Avant qu'ils ne vendent leur âme à Omnicom.

Nous avons ouvert la bouteille dans la cage d'escalier pendant que la fête battait son plein. En portant un toast, je les ai implorés de ne jamais vendre leur agence.

Le mantra des fondateurs de Rethink, qui est « personnes, produit, profits », met l'emphase sur les « personnes ». Ils recherchent les candidats talentueux et enthousiastes qui contribuent à leur culture unique. Ils les motivent grâce à des politiques créatives et à des programmes qui ne se retrouvent pas habituellement dans les agences de publicité conventionnelles. Comme leur encouragement à avoir un équilibre entre travail et vie personnelle. « Vivre au bureau, ça ne devrait pas être une fierté », selon eux. (Rien à voir avec les slogans de mon alma mater : « Chiat/Day and Night!* » ou « ceux qui ne sont pas ici le dimanche ne se donnent pas la peine de rentrer le lundi. »)

---

* Ce slogan jouait avec le mot « Day », qui est le nom du fondateur de cette agence, mais qui signifie également « jour » en anglais. Leur maxime signifiait donc : « Chiat/Day (Jour) et nuit! »

Une fois qu'une agence indépendante vend à une société de portefeuille, prioriser les personnes devient impossible. Les profits deviennent l'élément central. Les employés sont secondaires. Un moyen pour parvenir à une fin. Une ressource remplaçable.

Je le sais, parce que j'ai été poussé par mes associés à vendre à une telle société.

En étant indépendante, une agence peut avoir une merveilleuse année financière, et faire moins d'argent l'année suivante. Mais dans le monde des sociétés de portefeuille, pas vraiment : elles vous offriront peut-être un bonus pour cette bonne année, mais vous donneront ensuite un objectif de croissance de 15 % pour l'année suivante. Et vous puniront avec une réduction du personnel si vous ne l'atteignez pas.

Rien n'est plus dévastateur pour une culture créative que la réduction du personnel. Mon premier emploi en publicité était à Los Angeles, chez Chiat/Day. J'étais le premier employé et je suis resté pendant 23 ans (incluant des missions comme PDG fondateur des bureaux de San Francisco et de Toronto). On était l'agence dont toute la ville parlait. Puis après que Steve Jobs nous ait engagés pour Apple, on est devenu l'agence dont tout le monde parlait. Dans nos débuts, nous avions connu un revers majeur en perdant notre plus gros compte de l'époque, Honda. Ce compte représentait 60 % de nos revenus et 90 % de notre identité. C'était démoralisant. La décision raisonnée aurait été de couper immédiatement dans le personnel pour réagir au déficit budgétaire.

Mais Jay Chiat n'était pas quelqu'un de raisonné : « Si nous perdons ces personnes, il ne nous reste rien. Si notre agence est condamnée à mourir, alors au moins, faisons ça de manière dramatique. »

Les personnes les mieux payées ont eu une réduction de 20 % de leur salaire, et toutes les autres ont eu une diminution de 10 %. Il a retenu ses employés, s'est creusé les méninges, et en six mois environ, tout le monde a pu retrouver son salaire normal. Deux mois plus tard, nous avons eu une enveloppe sur notre bureau. À l'intérieur, il y avait un chèque au montant rétroactif de ce que nous aurions dû gagner durant ces mois plus difficiles, accompagné d'un petit mot tout simple écrit à la main par Jay : « Merci ».

Quand Rethink a été créée, elle me faisait penser à l'une des plus grandes entreprises créatives de tous les temps sur la côte Ouest : Goodby Silverstein (à qui j'ai prêté main-forte au moment de son ouverture). Trois gars charmants, irrésistibles et talentueux qui voulaient s'enfuir des grosses agences déprimantes pour créer quelque chose d'unique. Goodby était la meilleure boîte de San Francisco. Une fois par année, ils organisaient un party en l'honneur de la muse de Jeff Goodby, Howard Gossage, un publicitaire légendaire. Chaque créatif rêvait d'y travailler. Neuf ans plus tard, l'agence a connu des chicanes internes. Un associé est parti. Ils ont souffert de problèmes financiers. Ils ont vendu à Omnicom. Les « Gossage parties » sont devenus chose du passé. Vingt ans plus tard, Jeff a fait le commentaire suivant sur cette décision : « Si je réévalue la transaction d'un point de vue strictement financier, si je devais prendre cette décision à nouveau, je ne pense pas que je vendrais. Je crois que nous aurions fait plus d'argent si nous étions restés indépendants. »

Les gars de Rethink n'ont pas fait la même erreur.

Quand je les ai revus à Malibu, j'ai été témoin de quelque chose de rassurant et d'inhabituel : près de deux décennies après leurs débuts, ces hommes sont demeurés d'inséparables amis. Des partenaires avec des valeurs communes, des ambitions harmonieuses et une détermination encore plus grande à rester indépendants.

Ce degré d'amitié est difficile à maintenir à long terme dans des partenariats créatifs, particulièrement au sein d'une industrie où les egos s'entrechoquent fréquemment et où les désaccords deviennent souvent irréconciliables. Et la vente devient l'échappatoire.

Le chemin différent que montre l'histoire de Rethink est une preuve indéniable de leur ténacité et de leur passion. Les fondateurs de l'agence sont restés fidèles à leurs valeurs et ils ont créé quelque chose qui ne cesse de s'améliorer.

Apprenez et profitez bien de ce livre inspirant. C'est ce que j'ai fait.

Chuck Phillips
1er avril 2019, Malibu

Introduction

Ce livre est pour tous ceux qui aiment régler des problèmes avec la créativité. On parle ici des gens qui travaillent dans les « industries créatives », comme la publicité et le design, le cinéma, l'architecture, les jeux vidéo et le développement de logiciels. Mais c'est aussi pour toute personne qui désire injecter une réflexion créative dans son travail, peu importe en quoi ça consiste.

Ce livre est conçu comme un coffre à outils d'astuces, de trucs, de processus et de croyances. Il peut aider à créer collectivement une culture qui inspire les grandes idées, sans sacrifier les vies des personnes touchées ni les résultats financiers. Ces « outils » sont les principes qu'on a retenus alors que l'industrie et le monde changeaient tout autour de nous. Ils sont le fruit de notre volonté de toujours repenser les choses afin de sortir la meilleure création possible dans un environnement instable.

Chaque section est présentée par l'un de nos membres fondateurs et tous les chapitres ont été créés par des Rethinkers à travers le pays, tant les mots que les visuels. Sentez-vous bien libre de le lire du début à la fin, ou encore de vous promener au hasard en sautant d'un chapitre à l'autre.

Certains de ces outils existaient avant la naissance de Rethink en 1999. Au début des années 1990, les fondateurs de Rethink travaillaient dans une agence de Vancouver qui était loin d'être considérée comme le haut lieu de la pub. Chris Staples et Ian Grais étaient directeurs de création, et Tom Shepansky portait la cravate et était responsable du service-conseil.

À l'époque, Palmer Jarvis était la plus grosse boîte en ville. L'agence excellait à acheter ses clients à coup de lunchs dispendieux arrosés de martinis, mais pas à grand-chose d'autre. Cette apathie se confirmait d'ailleurs au gala provincial de la publicité où, année après année, PJ ne remportait absolument rien. Finalement, en 1993, le propriétaire Frank Palmer a craqué. Il avait plein d'argent, mais n'était pas respecté. Il s'est engagé à changer ça en améliorant le produit créatif de l'agence. Frank a fait venir un gourou de la pub parti à la retraite, Ron Woodall, pour bâtir un plan de match exhaustif ayant pour but audacieux de se hisser au sommet du palmarès des agences canadiennes – un défi de taille pour une boîte qui était alors au 69e rang sur 85 compagnies. Trois ans plus tard, Palmer Jarvis avait atteint la première place. Et elle y est ensuite restée pour des années.

Plusieurs des outils présentés dans ce livre ont d'abord été implantés dans cette agence, et ils ont largement contribué à la montée fulgurante de PJ. D'autres proviennent de l'expérience acquise par Ian durant ses études au Art Center de Pasadena, reconnue à l'époque (et encore aujourd'hui) comme l'une des écoles de design les plus innovatrices au monde. Certains ont été empruntés à des conférences, comme les séminaires créatifs d'*Adweek*, où on a récolté le plus de sagesse possible de la part de grands noms de la publicité comme Lee Clow et Jeff Goodby. Et certains ont été créés par notre équipe, à force d'essais-erreurs et d'acharnement.

Ces outils étaient presque trop efficaces. En 1997, Frank a vendu son agence fraîchement redorée à DDB, qui faisait partie du groupe Omnicom et dont les bureaux étaient basés à New York. Bien qu'on l'ait assuré que rien ne changerait, tout est rapidement devenu différent. Plutôt que de penser à l'amélioration du produit, l'accent a été mis sur l'amélioration des profits. Même les photocopieurs ont été changés afin que les employés entrent un numéro de dossier pour faire une simple photocopie, et ce, pour que chaque sou dépensé puisse être refacturé aux clients.

C'est dans cette optique de faire les choses différemment qu'est née Rethink – un mot (repenser) qui a servi de plan d'affaires autant pour nous que pour nos clients potentiels.

Qu'est-ce qu'on essayait de repenser? D'abord et avant tout, la définition même de ce qu'était une « agence de publicité ». Vers la fin des années 1990, plusieurs agences essayaient de s'adapter aux changements dans le monde publicitaire en créant des divisions dévouées au design ou au numérique. Ces silos se trouvaient confrontés les uns aux autres, tous essayant d'obtenir leur part du budget d'un client. Pour nous, ça ressemblait à des enfants qui se disputaient un morceau de gâteau en se donnant des coups de pied sous la table.

On croyait que le temps était venu de fonder un nouveau type d'agence, une agence qui adopterait toutes les formes de communication de manière holistique. Donc, plutôt que de fonctionner en silos, Rethink n'aurait qu'un seul gros département créatif où les designers, les rédacteurs et les directeurs artistiques seraient assis les uns avec les autres. Avec la montée des médias sociaux, on a peu à peu inclus des experts du numérique et de l'amplification à notre modèle. On voulait aussi se distinguer en s'assurant que chaque Rethinker de chaque département soit là pour créer les meilleures jobs de sa carrière, qu'il soit en création, au service-conseil ou en administration.

Cette philosophie holistique nous a permis de diversifier notre offre bien au-delà de ce que proposent la majorité des agences de pub, comme la planification de marque, la stratégie sociale et les solutions intégrées de design. On compétitionne encore sur le marché de la pub, mais on aime penser que notre évolution nous a menés bien plus loin encore. (D'ailleurs, certains Rethinkers détestent utiliser les termes « publicité » ou « agence »; sachez donc que quand on utilisera ces mots dans les prochaines pages, on fait référence aux catégories nouvelles-et-améliorées de ces choses.)

La deuxième chose qu'on a voulu repenser, c'était le modèle qui faisait passer les profits avant les personnes et le produit. Omnicom avait beau dire qu'elle souhaitait faire du beau boulot et voir fleurir sa culture d'entreprise, la pression constante pour livrer un profit de 25 pour cent, trimestre après trimestre, rendait la tâche herculéenne. Le résultat, c'était moins de personnes qui travaillaient plus d'heures, sur plus de projets. Théoriquement, c'était encore possible de produire de bonnes idées – mais c'était au détriment de la qualité de vie de ces personnes.

Vous allez remarquer que ce livre est divisé en trois sections : les personnes, le produit et les profits. L'ordre est très intentionnel. On croit vraiment que les penseurs créatifs trouvent de meilleures idées s'ils évoluent dans une culture qui les inspire et les protège. Spécialement s'ils sont équipés de processus qui aident à assurer la qualité et l'efficacité à chaque étape du cheminement.

Le résultat est un produit créatif qui fait parler de lui – ce qui est la première mission de tout produit, créatif ou pas. Et ça mène ensuite à de meilleurs résultats d'affaires, qui reçoivent à leur tour l'attention de l'industrie et les félicitations. Tout ça, combiné, génère de solides résultats – tant pour l'agence que pour ses clients.

Au fil de l'histoire de Rethink ces 20 dernières années, l'importance de ces trois mesures a été maintes fois démontrées (tout comme les succès à long terme de nos clients, dont plusieurs sont avec nous depuis le début). Deux fois par année, on prend le pouls de nos employés en faisant ce qu'on appelle un *Culture Check* – un sondage simple de moins de 20 questions couvrant des sujets comme le bonheur général et l'équilibre travail – vie personnelle (le score actuel, tous sujets confondus, se situe au taux record de 4,3 sur 5). Du côté produit, aucune agence au Canada n'a été célébrée de manière aussi constante pour ses réalisations créatives, année après année. Rethink se trouve dans le top 10 des agences canadiennes remportant le plus de prix publicitaires depuis 1999, et elle s'est hissée au premier rang à cinq reprises. Quant aux profits, on n'a jamais dû assumer de pertes en 20 ans, même durant la crise financière de 2008, année où on a rapidement décidé de mettre à exécution notre plan d'ouvrir un bureau à Toronto (et peu de temps après, on a répété l'expérience à Montréal).

Au fil des ans, on a apporté des modifications à plusieurs de nos outils originaux pour s'adapter aux réalités du monde numérique. C'est un processus sans fin, parce que « repenser » les choses, c'est faire évoluer, réinventer et challenger le statu quo.

Les fondateurs de Rethink : Ian Grais, Tom Shepansky, Chris Staples, 1999.

→

Les personnes

J'ai toujours souhaité travailler dans le domaine de la publicité, mais je voulais désespérément éviter de devenir un «gars de pub». Vous voyez le genre, un peu comme Darren Stephens dans Bewitched. Quelqu'un qui travaille de longues heures, qui est constamment en train de divertir des clients, qui doit toujours répondre aux demandes d'un boss capricieux. Qui se claque des martinis au lunch pour ensuite passer au Canadian Club dans ses soirées au bureau.

Je me disais qu'on pouvait sûrement faire de l'excellent boulot tout en ayant une vie bien remplie à l'extérieur.

Malheureusement, en publicité, comme dans la plupart des industries créatives, on voue un culte à la vie de créatif. La définition de cette vie semble se traduire par d'incalculables heures à attendre un moment d'«eurêka», des nuits folles passées au bureau et des week-ends chaotiques à plancher sur des présentations pour des clients exigeants. Plusieurs des entreprises créatives les plus vénérées ont presque l'air de fétichiser le chaos et les heures supplémentaires, les voyant comme la seule manière d'atteindre l'excellence.

Nous, on trouve que c'est n'importe quoi.

On a toujours cru que si les personnes sont placées en priorité, le produit sera meilleur, ce qui entraînera de meilleurs résultats financiers pour tous ceux qui sont impliqués. En gros, c'est possible de gagner des Lions à Cannes et d'être quand même un formidable conjoint ou parent.

Dans plusieurs industries créatives, prioriser les personnes veut dire avoir des cafés branchés sur place, un gym et un service de concierge. Paradoxalement, toutes ces choses sont pensées pour encourager les gens à rester plus longtemps au bureau. Ces petits conforts ne peuvent pas masquer le chaos indéfiniment. Ce genre de culture mène toujours à un haut taux d'épuisement professionnel.

Il y a aussi plusieurs autres avantages à se tourner vers une culture qui met les personnes en priorité, dont un taux de roulement, dans notre cas, d'un tiers plus bas que la moyenne de l'industrie. En offrant de bonnes occasions, en faisant évoluer les gens à l'interne et en créant un environnement basé sur la coopération, on espère que nos employés n'auront jamais envie d'aller ailleurs. En nous fiant au nombre élevé de Rethinkers qui sont là depuis longtemps, on peut dire que ces politiques et philosophies portent fruit.

La section qui suit expose donc certaines des croyances, des politiques et des procédures qu'on a utilisées pour créer une culture durable qui fait la promotion des grandes idées tout en protégeant la vie des personnes. Certaines de ces pratiques sont des choses qu'on a tous apprises à la maternelle, mais qu'on a oublié d'appliquer au monde des affaires : la gentillesse, la gratitude et la responsabilité personnelle. D'autres concernent la mise en place d'une culture et d'un lieu de travail qui sont inspirants à petite et grande échelle, et ce, à travers la célébration, le partage de nos succès et la création d'un environnement qui contribue à faire émerger de grandes idées. D'autres encore ont rapport au mentorat (des personnes autant que des idées) pour que toutes puissent atteindre leur plein potentiel.

Comme pour tous les outils présentés dans ce livre, certains s'appliquent plus facilement que d'autres. Quelques-uns d'entre eux sont propres au monde de la pub, mais la plupart peuvent être appliqués à toutes les entreprises. On espère que vous les trouverez aussi utiles que nous.

Chris Staples, membre fondateur

La politique anti-trous de cul

Créer une culture axée sur les personnes, ça veut dire engager uniquement des gens qui savent jouer en équipe.

Il y a deux secrets pour gérer une entreprise créative : engager les bonnes personnes et choisir les bons clients. Dans les deux cas, il faut éviter les trous de cul à tout prix.

Vous vous dites sûrement que ce n'est que le gros bon sens. Mais il est étonnant de voir le nombre de compagnies qui tolèrent des trous de cul dans leurs rangs sous prétexte que le talent prévaut sur la gentillesse. Tant et aussi longtemps qu'une personne est brillante, on l'excuse pour son grossier manque de courtoisie.

Chez Rethink, ça ne passe pas. Les trous de cul sont toxiques et au fil du temps, ils minent l'efficacité et la productivité. Si on ne fait pas attention, un trou de cul peut à lui seul faire dérailler les trois P. Ils rendent les personnes autour d'eux malheureuses, ce qui transparaît dans le produit créatif et qui conduit à des clients insatisfaits, à une perte de contrats et de profits. Les trous de cul en valent rarement la peine.

Depuis l'ouverture de l'agence, on se protège d'eux en restant fidèles à nos valeurs. Puisque chaque décision chez Rethink est prise en ayant les personnes en tête, on a déjà une bonne protection contre les trous de cul. Si quelqu'un n'a pas de respect pour les autres, ça n'a pas d'importance qu'il soit bourré de talent, qu'il ait gagné des tas de prix et que vous fassiez de l'argent grâce à lui.

Bien entendu, la meilleure façon d'éviter de travailler avec des trous de cul, c'est de ne pas en engager. Quand on passe des gens en entrevue, on fait confiance à la règle de la première impression : au cours des cinq premières minutes de l'entrevue, on se demande : « Est-ce que j'aurais le goût d'aller prendre un verre avec cette personne ? » Si la réponse est non, l'entrevue est généralement terminée. Dans la plupart des industries créatives, si vous ne faites pas une bonne première impression, vous n'aurez probablement pas la chance d'en faire une deuxième.

Du côté des clients, c'est assez incroyable la quantité d'entreprises créatives qui endurent une mauvaise attitude pour gagner ou garder un contrat.

Comme dans plusieurs autres industries créatives, nos projets nous sont octroyés grâce à un processus de *pitch* qui exige souvent de nombreuses rencontres avec les clients potentiels, étalées sur plusieurs semaines. Le client utilise ces rencontres pour réduire les concurrents à une courte liste d'environ trois agences, tout au plus. De notre côté, on utilise ce processus pour se demander si on croit réellement en la marque et si on fait confiance aux personnes qui la représentent.

S'il y a des trous de cul parmi eux, on voit habituellement clair dans leur jeu. On a déjà refusé de travailler avec de grosses entreprises parce qu'on savait que peu importe l'argent qu'on allait faire, le sang, la sueur et les larmes auraient coulé à flots pour ce mauvais client.

Si par malheur vous vous retrouvez quand même avec un trou de cul, il est important d'agir vite. Chaque jour passé entre vos murs est une occasion pour cette personne de nuire aux relations interpersonnelles, de normaliser une mauvaise attitude et de détruire l'ambiance. La garder démontrerait aussi un laisser-aller de votre part – en continuant de signer le chèque de paye d'un trou de cul, vous donnez implicitement votre approbation à sa façon d'agir, et vos autres employés ne tarderont pas à le remarquer et à mettre en doute votre engagement envers vos valeurs. Alors convoquez le trou de cul en privé, dites-lui que ce n'est pas un bon match entre vous et lui, et renvoyez-le chez lui avec un chèque de compensation équitable.

La vie est trop courte pour travailler avec des trous de cul.

ÊTES-VOUS UN TROU DE CUL?

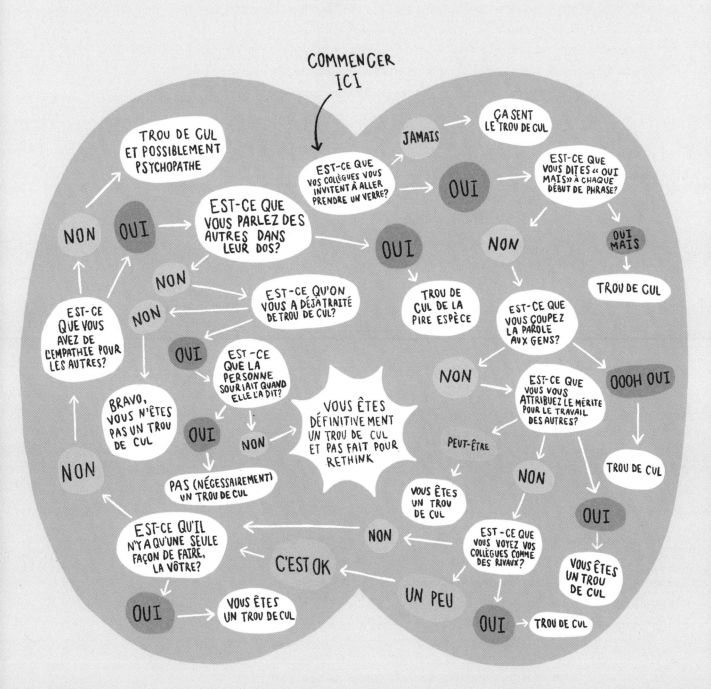

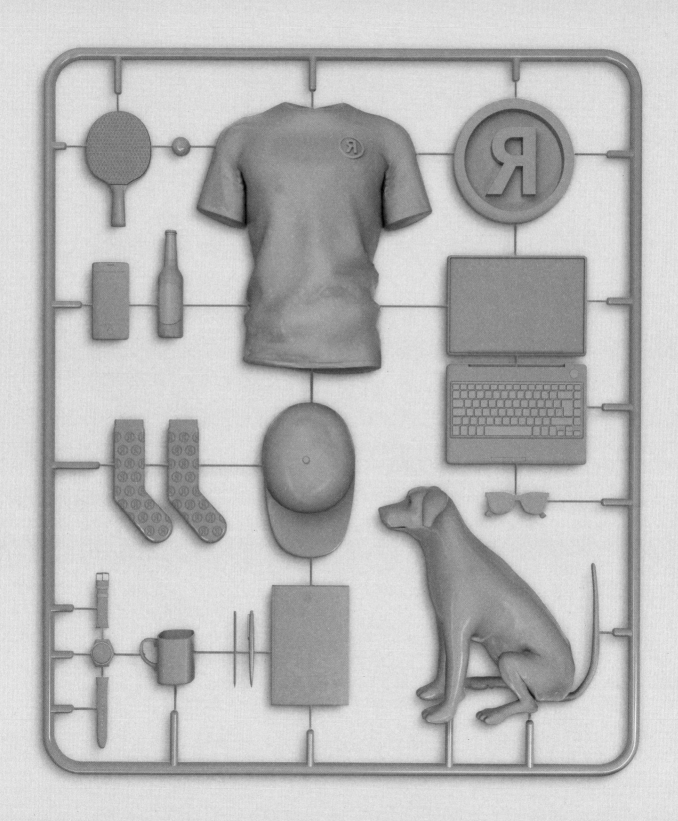

Bienvenue chez Rethink

Faire un tour rapide de l'agence avec un nouvel employé, ce n'est pas assez. Il faut l'aider à se sentir rapidement chez lui grâce à une intégration solide, faite de manière autonome.

Pourquoi l'intégration des nouveaux employés est-elle aussi déficiente dans la plupart des entreprises créatives? C'est en partie à cause de la nature de ces entreprises qui sont souvent un peu chaotiques. Mais d'après nous, la plupart des boîtes ne réalisent pas à quel point c'est stressant de commencer un nouvel emploi, d'où l'importance de les aider à se sentir les bienvenus dès leur arrivée.

Les nouveaux employés ont faim et sont prêts à apprendre. Ils peuvent aussi être anxieux et vouloir prouver leur valeur le plus rapidement possible. Au début, les nouveaux venus ont souvent moins de pain sur la planche. Libre à vous d'utiliser intelligemment ces journées-là pour les préparer au succès. Il y a quelques outils pratiques que vous pouvez utiliser pour les aider à s'intégrer à votre culture dès les premières semaines.

L'apprentissage et l'évacuation du stress peuvent même commencer avant leur première journée. Une semaine avant leur arrivée, on aime leur envoyer une lettre de bienvenue. Elle est conçue pour alléger le stress du premier jour, donner une idée générale de ce qui se passe sur le terrain, et aussi donner au nouveau Rethinker son tout premier mandat : celui d'aller prendre un café avec un

Rethinker différent chaque jour de son premier mois (en gardant les factures pour se faire rembourser, bien évidemment).

En lançant le défi à vos nouveaux employés d'aller prendre un café avec autant de collègues que possible, vous pouvez accélérer leur processus d'intégration à votre culture. Aucun manuel ne peut battre en rapidité et en efficacité le temps passé face à face avec des collègues de tous les départements, incluant les chefs de département. Pensez-y : au simple coût de quelques tasses de café, vous pouvez faire de n'importe qui votre fidèle allié.

Une fois qu'un employé a commencé, compris la façon dont l'intégration se passerait et appris où se trouvaient les toilettes, il reçoit une copie du guide de survie, quelque chose que toute compagnie devrait posséder. Alors que la lettre de bienvenue était plus générale, le guide de survie plonge dans les détails pratiques de la Machine Rethink (voir page 87). Il couvre plusieurs des outils présentés dans ce livre, de la revue par les pairs à la règle de 1 ou 100, en passant par le carré de sable. En plus d'expliquer comment on fonctionne, le guide de survie est un excellent outil pour déprogrammer. C'est un Kool-Aid Rethink hautement concentré de 13 pages qui doit être ingéré par nos nouvelles ressources durant leur première semaine.

Les nouveaux employés arrivent d'autres agences et débarquent avec tout leur bagage. Beaucoup d'entre eux ont évolué dans des environnements chaotiques, désorganisés, et ils ont besoin de s'adapter à un lieu de travail plus structuré. Certains n'ont jamais eu d'« heures de bureau » en bonne et due forme (voir page 105). Et plusieurs nous viennent d'agences appartenant à de grosses sociétés internationales. Ces gens-là, particulièrement, doivent apprendre à résister à l'envie de dire constamment « à mon ancien travail… ». On a une règle fort simple pour les nouvelles recrues : rester ouvertes aux nouvelles façons de faire au cours de leurs six premiers mois et apprendre en profondeur les rouages de notre système. Ensuite, on sera heureux d'écouter leurs suggestions d'amélioration.

Une façon pratique d'accélérer la courbe d'apprentissage, c'est de donner accès à l'employé aux archives enregistrées de nos dîners Pizza et conférence et de nos réunions annuelles avec tous les employés (voir La conviction partagée, page 95). Plutôt que de se tourner les pouces en attendant que sa quantité de travail augmente, il peut tranquillement s'imprégner d'une décennie d'inspiration.

Un point final, mais crucial, qu'on veut rendre clair aux yeux de nos nouveaux : on a une culture d'inclusion. On est super sociables, on aime s'amuser et on encourage tous ceux qui arrivent à se jeter tête première dans notre culture. Prendre le temps le vendredi en fin de journée de jaser autour d'une bière, ça a autant de valeur que de performer sur un projet. La meilleure façon de durer dans une compagnie qui met les personnes en priorité, c'est de connecter avec ces personnes.

De l'espace pour jouer

3

Diminuez le stress avec un environnement de travail relax et inspiré par le jeu.

Si notre travail était de nature purement analytique, peut-être que la salle Lego, les chiens au bureau et le chariot à bières du vendredi n'auraient pas leur raison d'être. Mais on œuvre dans une industrie où la monnaie d'échange est la créativité et où la prochaine idée peut conduire à un nouveau contrat. Nos personnes, c'est notre produit, alors il n'en tient qu'à nous de créer des conditions optimales pour leur permettre de s'épanouir.

Ce qui nous amène à parler de la salle Lego chez Rethink.

La salle Lego, c'est une salle de réunion avec deux murs couverts de grandes plaques vertes pour jouer aux Lego. Au milieu de la pièce, il y a une boîte transparente géante remplie de Lego. Sur les murs, on trouve des débuts de créations (et des créations achevées), toutes faites de Lego. On n'a pas créé cette pièce seulement parce que les Lego sont spéciaux pour nous (quoiqu'ils le soient vraiment). C'est aussi une manière abordable et ludique de stimuler l'imagination tout en contribuant à créer un environnement de travail plus décontracté.

Alors que plusieurs compagnies félicitent leurs employés d'arriver à sept heures du matin pour ne repartir qu'à 20 heures, les recherches prouvent que trop de travail nuit à la créativité. Dans un article pour CNN intitulé *Leisure Is the New Productivity*, Brigid Schulte, autrice du livre *Work, Love and Play When No One has the Time*, a dit : « La neuroscience a prouvé que c'est lorsqu'on relaxe, qu'on pratique des loisirs, que notre cerveau est le plus actif. » Schulte explique que ces « moments d'illumination ne surviennent que dans un état de calme, de détente, quand on est en train de faire n'importe quoi SAUF du travail ». Donc, quel meilleur moyen de favoriser ces moments d'illumination qu'en créant un lieu de travail qui ressemble à un terrain de jeu ?

On ne s'arrête pas à la salle Lego, d'ailleurs. L'entièreté de nos bureaux incorpore des éléments fantaisistes et divertissants. Du tapis gazon d'un vert intense. Des luminaires faits avec des cônes de construction. Des cartes, des globes terrestres et des horloges aux couleurs vives. Et bien sûr, l'outil de soulagement du stress par excellence : des chiens.

N'importe quel jour de la semaine chez Rethink, il y a de bonnes chances qu'une poignée de collègues canins soient présents. Avoir une politique d'ouverture envers les chiens au bureau est sans contredit un avantage majeur pour les employés. Ils devraient autrement composer avec le gardiennage de leur animal et prendre des arrangements spéciaux quand des heures supplémentaires s'imposent… mais en fait, c'est beaucoup plus que ça. La présence d'un chien, c'est prouvé scientifiquement, a un effet relaxant. Les chiens diminuent les tensions qui peuvent survenir dans n'importe quel environnement de travail (même ceux avec des Lego)[1]. Les clients nous ont souvent dit qu'ils aimeraient travailler dans un endroit comme le nôtre après avoir été accueillis par un chien du bureau. On adore que le client vive le moment fort de sa journée dans nos bureaux. Et oui, il y a parfois des accidents sur le tapis gazon, et le poil est indéniablement un problème, mais la joie que les chiens amènent au bureau surpasse grandement le coût d'un nettoyage en profondeur à l'occasion.

Le chariot à bières du vendredi est un autre bon outil pour promouvoir la relaxation et la socialisation. Chaque vendredi à 16 heures, un duo de Rethinkers décore le chariot à bières, le remplit avec un assortiment de boissons alcoolisées et non alcoolisées, et fait le tour du bureau pour distribuer des rafraîchissements à tous ceux qui en veulent. Une fois que tout le monde a un verre à la main, les Rethinkers se réunissent pour profiter des dernières minutes de la semaine.

Résultat : au lieu de partir à 16 h 55, certaines personnes choisissent de rester après 17 h pour socialiser un peu.

Avec une attitude ouverte et détendue (et un peu plus que quelques verres gratuits), on est capables de faire en sorte que le temps passé au bureau ne ressemble pas à une corvée. Tout ce qu'on peut faire pour stimuler l'hémisphère droit du cerveau de nos personnes et en tirer quelques gouttes d'endorphine supplémentaires en vaut l'investissement.

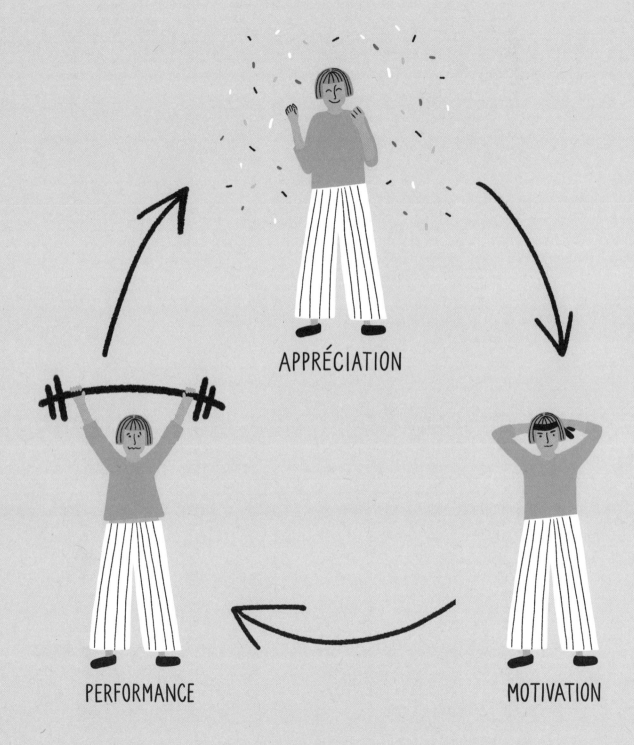

APPRÉCIATION

PERFORMANCE

MOTIVATION

Le pouvoir de l'appréciation

Il existe un lien puissant entre appréciation, motivation et performance. Ça s'appelle de la gratitude.

C'est dans la nature humaine de chercher l'approbation, et ce désir est peut-être encore plus fort chez les créatifs. Quand ils mettent tout leur cœur dans quelque chose, peu importe ce qui en ressort, ils ont soif de reconnaissance. Pas seulement pour leur talent, mais aussi pour leurs efforts. Ils veulent être vus et reconnus. Et si vous trouvez des façons de leur donner cette reconnaissance, ils vous la remettront avec encore plus d'efforts. Une équipe qui se sent appréciée sera plus heureuse, travaillera plus fort et vous épargnera de l'argent en améliorant votre taux de rétention[2]. (Le taux de rétention de Rethink, par exemple, est 30 pour cent plus élevé que celui des agences traditionnelles.)

Autrement dit : appréciez vos employés, et ils vous apprécieront en retour.

L'appréciation peut prendre plusieurs formes. Quand quelqu'un va au-delà de ses responsabilités, on remercie le Rethinker avec une expérience qu'il peut partager avec la personne de son choix. Un exemple parfait de ce genre de récompense est le très convoité « souper Rethink à 300 $ ». Plutôt que de donner un simple bonus en argent, on offre à la personne méritante 300 $ qu'elle peut dépenser dans le restaurant de son choix. On a choisi ce montant délibérément pour que le remerciement ait l'air spécial et qu'il soit digne de mention. Ces soupers font sortir les Rethinkers en ville, les poussent à essayer de nouvelles choses et les font sentir spéciaux. Cette appréciation est même partagée avec leur douce moitié, ou un ami chanceux, qui a la chance de commander le plat de homard ce soir-là.

En fonction de la personne et de ses intérêts, on a aussi déjà donné des journées au spa, des billets à des événements sportifs et des nuitées dans des hôtels-boutiques. Plus le cadeau est personnalisé, mieux c'est. Et bien sûr, parfois il n'y a rien de mieux que d'offrir une journée de congé supplémentaire à cette personne qui la mérite tant.

Cela dit, l'appréciation ne se calcule pas seulement en gestes grandioses pour de grands accomplissements. C'est tout aussi important de remarquer et de souligner les petites choses avec un simple compliment, qu'il soit formulé verbalement ou par écrit. Chaque jour, quelqu'un au sein de votre organisation fait quelque chose qui est digne de mention, alors prenez l'habitude de célébrer les petites victoires. Un employé a présenté son travail d'une manière claire et articulée? Dites-le-lui. Une personne de l'administration vous a aidé à organiser une conférence téléphonique complexe? Dites merci. Faites-vous un point d'honneur de passer au bureau des autres pour les féliciter sur leurs projets complétés et pour reconnaître leur contribution à ces succès. Parlez fort pour que les gens autour entendent. Et n'oubliez pas d'envoyer des tapes dans le dos à vos collègues à chaque édition des nouvelles de la semaine (voir page 53). Il n'y a absolument aucune raison valable d'être avare d'éloges – ça ne coûte rien et ça peut faire toute la différence pour les personnes avec qui vous travaillez.

5 J'aime. J'aimerais.

Adoucissez l'effet de la critique en débutant toujours par quelque chose de positif.

Cette règle-là est relativement simple. C'est un subterfuge pour critiquer le travail d'un créatif avec tact. Dans notre industrie, elle s'applique aux directeurs de création qui coachent le travail des concepteurs-rédacteurs, des directeurs artistiques et des designers.

Être sensible à la critique est quelque chose d'inhérent à l'être humain. Pour des raisons relevant de l'évolution, on reçoit la critique de la même manière qu'on recevrait une attaque physique. Elle stimule l'amygdale, le centre de contrôle de nos émotions et du processus décisionnel du cerveau, et engendre une réaction de lutte ou de fuite[3]. Quand on se fait critiquer, notre instinct nous dicte de tomber en mode défensif et d'argumenter, ou encore de se replier et d'être prudent. Malheureusement, aucun de ces réflexes n'est très utile dans un environnement professionnel. Mais par bonheur, il existe un outil simple qui peut aider.

« J'aime. J'aimerais », c'est notre façon de donner des commentaires d'une façon constructive et protectrice. En commençant par quelque chose que vous aimez, vous mettez l'accent sur ce qui fonctionne bien et vous protégez l'estime personnelle de votre employé. Ça fonctionne pour à peu près tout :

- « J'aime l'exécution. J'aimerais que le concept soit un peu plus clair. »
- « J'aime l'idée générale. J'aimerais que ce soit un peu plus réaliste à produire. »
- « J'aime l'idée de départ. J'aimerais que le script soit un peu moins métaphorique. »

Au lieu de tuer des idées, vous bâtissez sur des idées. Vous reconnaissez que chacune d'elle possède quelque chose qui mérite qu'on s'y attarde. Vous encouragez l'exploration et la résolution de problèmes, sans essayer de les résoudre vous-même (voir Coaching 101, page 79). Même si votre équipe de création semble n'avoir rien trouvé de valable, il y a fort à parier qu'il y a au moins un bon fil sur lequel tirer. Si vous vous donnez la peine de vraiment bien regarder, il y a toujours quelque chose pour vous plaire.

Si vous persistez dans cette approche, vous allez éventuellement remarquer un changement dans la confiance de vos équipes créatives. Lorsqu'elles croiront en votre habileté à faire ressortir les meilleures pistes de leurs idées, elles commenceront à vous présenter plus de concepts originaux qui sortent des sentiers battus. Elles apprendront ce que vous aimez et ce que vous n'aimez pas, ce qui les aidera à aiguiser leur instinct. Plutôt que de redouter vos commentaires, elles les verront comme faisant partie du processus créatif. Et elles assimileront le fait qu'en fin de compte, vous voulez tous la même chose : du bon travail créatif.

6 Pas de briefs de groupe

N'assignez pas plusieurs ressources ou équipes créatives à la résolution d'un même problème créatif. Un plus grand nombre de personnes n'équivaut pas à un meilleur produit.

Certaines agences lancent littéralement des gens sur leurs problèmes. Quand un projet de taille arrive, elles installent un faux sentiment de sécurité en se disant : «J'ai mis toutes mes meilleures têtes là-dessus!» Elles demandent à plusieurs équipes (ou à tout leur département de création) de travailler simultanément sur le même brief. Plus un défi est grand et plus elles augmentent la quantité de personnes impliquées.

Même si c'est intuitif de penser qu'en mettant plus de cerveaux sur le même problème, on trouvera de meilleures solutions, on croit plutôt que c'est l'inverse qui est vrai. Mettre plus de personnes sur un projet provoque une «diffusion de la responsabilité» – un phénomène psychologique amenant chaque personne à supposer que quelqu'un d'autre va résoudre le problème[4]. Plus on ajoute de personnes au projet, plus le sens de la responsabilité individuelle est dilué et affaibli. Le résultat, c'est que vous risquez d'avoir quatre équipes qui donnent 10 % de ce dont elles sont capables, plutôt qu'une équipe qui donne 110 %. Vous aurez peut-être plus d'idées à examiner, mais elles risquent d'être décevantes.

Pire, les briefs de groupe montent vos employés les uns contre les autres, créant une dynamique toxique. Être en compétition avec d'autres équipes cause de l'anxiété qui n'est pas nécessaire – et qui ne donne pas les meilleures conditions pour la créativité. Ils créent un environnement aux «portes closes» dans lequel les équipes hésiteront à révéler leurs précieuses idées à des rivaux potentiels au lieu de les partager librement en faisant des revues par les pairs (page 143). La compétition peut aussi générer un sentiment de découragement si l'équipe croit qu'elle n'a pas de chance réelle de gagner, et elles seront alors beaucoup moins tentées de se dévouer corps et âme à leur travail.

Quand vous assignez un brief à une seule équipe, ses membres peuvent s'approprier le projet dès le début, ce qui crée un sens de responsabilité important envers le produit final. Sans d'autres équipes comme filet de sécurité, ils aborderont le problème de tous les angles possibles, à la recherche de la chose spéciale qui va épater les collègues et le client. Même si les résultats ne laissent personne bouche bée (voir *Don't Fuck It Up*, page 81), l'équipe aura quelque chose à montrer pour prouver ses efforts. Et la prochaine fois qu'elle recevra une responsabilité de cette ampleur, vous savez qu'elle travaillera encore plus fort pour créer quelque chose dont elle sera fière.

Le modèle du brief à une seule équipe contribue aussi à ménager les ressources. Pourquoi utiliser huit personnes pour accomplir une tâche, si deux personnes peuvent y arriver elles-mêmes – et encore mieux? Quand vous avez confiance en vos équipes et savez qu'elles rempliront le mandat du brief, ça vous permet de libérer plus de personnes pour travailler sur plus de projets. De cette manière, vous obtenez aussi plus de collaboration ouverte au sein du département de création: toutes les équipes s'entraident, puisqu'elles jouent dans la même équipe. Et tout le monde se partage les mérites (voir Félicitations à nous tous, page 75).

7   Les barges, hors-bord et sous-marins

Pour garder vos gens motivés, assurez-vous qu'ils ont tous dans leur pipeline, en tout temps, un projet d'envergure et une occasion créative.

Au cas où vous ne l'auriez pas encore remarqué, on aime pas mal les métaphores, par chez nous. Et quand on parle de nos clients à l'interne, on utilise des métaphores nautiques. Nos clients tombent souvent dans deux catégories : les barges et les hors-bord.

Une barge, c'est généralement un gros client avec qui on a un contrat de type *retainer*. Ces clients veulent accomplir du beau travail, mais leur taille et le poids de décennies d'habitudes font en sorte qu'il est plus ardu pour eux de tourner le gouvernail. Les grosses barges viennent souvent de pair avec de gros budgets, mais vous risquez certainement de brûler beaucoup de carburant en essayant de les faire bouger.

Les hors-bord sont plus petits et beaucoup plus maniables. Avec un client de type hors-bord, les budgets sont moins élevés, mais les projets évoluent plus rapidement. Ces clients ont souvent moins de paliers d'approbation et conséquemment, ils sont plus agiles et faciles à faire bouger. Si vous savez ce que vous faites, les hors-bord peuvent être vraiment le fun. Il ne faut tout simplement pas s'attendre à ce qu'ils payent l'entièreté des honoraires de l'agence.

On croit que tous les créatifs devraient répartir leur temps entre barges et hors-bord. Un employé qui ne travaille que sur des barges risque de s'épuiser, d'arrêter de donner son maximum ou d'abandonner le navire. Après une longue journée passée à bûcher sur une barge, il mérite de prendre un hors-bord pour faire sortir son énergie créative. Si vous donnez tous les hors-bord à quelques personnes « spéciales » que vous avez choisies, ceux qui se démènent tous les jours sur des barges vont commencer à leur en vouloir (et à vous en vouloir).

Il y a un troisième type de projet qu'on devrait inclure dans cette métaphore : les sous-marins. On les appelle les CP, pour concepts proactifs (voir page 221). Ce sont des projets qu'on prend en mode pro bono, et pour lesquels on investit même souvent dans la production. Les CP fonctionnent vraiment comme des sous-marins, ils flottent en suspens juste sous la surface des activités journalières, à l'abri des regards, en attente du moment parfait pour surgir et faire sauter Internet. Ce sont des projets passionnels. Des idées à petit budget, sympathiques et sans but lucratif. Des bombes qui n'attendent qu'un client assez audacieux soit partant de les utiliser. Si vous avez l'impression que vous n'avez pas assez de projets de type hors-bord à distribuer à vos équipes, encouragez vos créatifs à travailler sur des concepts proactifs et à construire leurs propres sous-marins.

Bien sûr, avec les barges, les hors-bord et les sous-marins, la clé est d'atteindre le bon équilibre, tant pour chaque employé individuellement que pour Rethink dans son ensemble. Les barges payent les factures, mais elles peuvent être stressantes. Les hors-bord et les sous-marins ne payent peut-être pas vos comptes à la fin du mois, mais en revanche, ils payent en employés heureux et en bonne création.

REVENUS & PROFITS

BONHEUR & MOTIVATION

Les apprentissages partagés

Si vous voulez que les gens apprennent, faites-les enseigner.

Dans la majorité des domaines, la formation au travail se produit généralement par osmose – passez assez de temps à travailler à côté de quelqu'un, et vous devriez éventuellement intégrer ce que vous avez besoin de savoir. Malheureusement, l'industrie créative évolue tellement rapidement qu'on ne peut pas se permettre de se tourner les pouces et d'attendre que les apprentissages se fassent comme par magie. Les entreprises qui ne sont pas constamment en train de s'instruire sont déjà en retard. Alors si vous voulez vraiment garder vos employés motivés et ne pas perdre votre longueur d'avance, libre à vous de favoriser des situations où toutes sortes d'apprentissages partagés peuvent avoir lieu.

Une approche fréquente au partage des connaissances est le bon vieux dîner-conférence (appelé Pizza et conférence chez Rethink). Choisissez n'importe qui avec un minimum de sagesse à partager, invitez-le à venir parler de ses expériences et offrez le lunch aux participants (de la pizza, ça attire les foules, toujours). Vous n'avez pas à limiter ces apprentissages à ceux qui trouvent le temps d'assister à ce lunch. Grâce aux miracles de la technologie moderne, vous pouvez enregistrer vos dîners-conférences pour la postérité. C'est quelque chose qu'on fait depuis plusieurs années, et ces archives de leçons filmées sont facilement accessibles à tous, même à nos nouveaux employés.

Parfois, pas besoin de chercher bien loin pour trouver des conférenciers. Plusieurs compagnies aiment envoyer leurs employés à des conférences ou à des salons commerciaux, mais ensuite, ils oublient l'étape cruciale qui consiste à demander à ces personnes de rapporter aux autres ce qu'ils ont appris. Si vous déboursez des sous pour envoyer des gens à l'autre bout du pays pour se taper des journées de séminaire à l'air climatisé, au moins, ayez-en pour votre argent en les incitant à partager ce qu'ils ont appris avec tout le bureau. Cette façon de faire a deux effets : ça permet à un plus grand auditoire de profiter de ces nouvelles connaissances, et ça force le « professeur » à bien réfléchir aux points clés de la conférence et à les vulgariser par écrit. Les étudiants mémorisent la matière, mais les professeurs l'internalisent[5]. Une fois que vous avez enseigné quelque chose, vous avez plus de chance de vous en souvenir pour la vie.

Les apprentissages partagés peuvent prendre d'autres formes. La pizza et le PowerPoint sont accessoires, tout comme le développement strictement professionnel. Vous pouvez encourager des formes d'apprentissage partagé plus interactives, moins formelles ou qui sortent du cadre du travail et motiver vos employés à mener leurs propres initiatives. Envoyez vos gens à des ateliers d'improvisation. Remboursez ceux qui veulent suivre des cours d'expression orale en public. Encouragez ceux qui arrivent avec leurs propres idées en leur donnant le pouvoir d'organiser un événement de fin de journée avec des activités. On en a eu de toutes sortes entre nos murs, du club de lecture au cours de crochet en passant par des leçons pour fabriquer son propre terrarium. (Note : On recommande de tenir ces activités initiées par les employés durant l'heure la moins productive de la semaine : à 16 heures le vendredi!)

La production participative

Les bons gestionnaires délèguent. Les excellents gestionnaires poussent ça plus loin et font de la production participative (communément appelée *crowdsourcing*).

Il y a une limite à tenter de se dédoubler. Si vous êtes à la tête d'une entreprise ou avez un poste élevé en gestion, vous vous sentez probablement débordé, au moins de temps en temps. Et à un certain point, vous pouvez vous mettre à fuir les nouvelles tâches et les engagements. La bonne nouvelle, c'est que vous avez un bureau rempli de personnes pleines de motivation qui veulent s'impliquer et qui possèdent beaucoup de talents potentiellement utiles. En vous servant du temps, des ressources et de l'ensemble des talents de vos employés, vous pouvez aller chercher le plein potentiel de votre compagnie.

Commencez par trouver et segmenter les tâches qui sont « à faible risque » et qui peuvent être déléguées. Par exemple, l'organisation du party d'été a peut-être l'air d'une corvée pour vous, mais pour une jeune recrue ou quelqu'un à l'administration, ça peut être un projet emballant. Les réunions récurrentes peuvent être gérées en rotation par une personne différente chaque deux mois. Les nouvelles de la semaine (page 53) peuvent être prises en charge par une équipe différente chaque semaine, tout comme le chariot à bières du vendredi (page 30). Même les évaluations des employés peuvent être divisées entre plusieurs partenaires de confiance.

Cherchez les occasions de sortir les gens de leur rôle habituel. Vous avez de bonnes chances de découvrir autour de vous toutes sortes de ressources surprenantes qui peuvent vous épargner temps et argent. Vous vous demandez quelle serait la chanson parfaite à faire jouer comme trame de fond dans une vidéo? Votre collègue qui possède une immense collection de vinyles a probablement ce qu'il vous faut. Vous avez des musiciens, des gens qui savent faire de la voix, des stylistes, des athlètes et des artistes dans vos rangs qui sont partants pour vous aider. Envoyez un courriel à tous les employés et donnez-leur une chance. Et assurez-vous de donner de l'amour à ceux qui répondent à l'appel. (Voir Le pouvoir de l'appréciation, page 33.)

Diviser la charge de travail de cette manière n'est pas qu'efficace – ça aide aussi les gens à se développer. Ça permet à des forces cachées d'être dévoilées et à tout le monde de se sentir utile, en plus de bâtir votre culture de manière organique, en partant du bas de l'échelle organisationnelle. Dit simplement, la production participative fait la promotion d'une culture où les gens se portent volontaires. Dispersez les tâches : vous en récolterez les bénéfices.

Ne menez jamais un combat par courriel

Les courriels sont impersonnels. Peu importe la quantité de bonhommes sourires que vous y insérez.

Tout le monde connaît bien la frustration grandissante qui nous submerge quand on se retrouve pris dans une argumentation par courriels. Chaque nouveau courriel fait monter votre pression alors que vous disséquez les phrases, à la recherche d'un sens caché. Vous oubliez que vous êtes en train d'envoyer des mots à un autre humain et avez l'impression de vous battre contre une machine.

Le problème dans cette situation est que les courriels n'incluent pas d'expressions faciales, de ton de voix et de langage corporel, ce qui contribue à augmenter l'anxiété et la confusion de toute part[6]. Sans ces indices contextuels, un truc aussi innocent que de finir sa phrase avec un point plutôt qu'un point d'exclamation ou un bonhomme sourire peut paraître sec. Le résultat, c'est que celui qui envoie le message marche sur des œufs, et celui qui le reçoit prend mal les choses.

Fait intéressant, quand vous recevez un courriel, vous n'êtes pas naturellement porté à le lire du début à la fin. Avant même que votre cerveau en décode le contenu, vos yeux le balaient d'abord rapidement, à la recherche de signes menaçants ou de phrases clés[7]. À ce moment-là, un gros bloc de texte ou une phrase négative peuvent vous apparaître comme une menace, ce qui suscite cette réaction de combat ou de fuite, la même qu'on vit quand on est confronté à la critique (voir J'aime. J'aimerais, page 35). Avant même d'avoir lu le courriel, vous êtes prêt à l'ignorer ou à y réagir négativement.

Pour toutes ces raisons, quand des combats par courriel commencent et que la tension monte, on vous conseille de vite appuyer sur la pédale de frein. Arrêtez d'essayer de lire entre les lignes et parlez-vous plutôt face à face. Et si c'est impossible d'avoir tout le monde dans la même pièce, organisez un appel – idéalement une vidéoconférence.

Même si le courriel a la réputation d'être un outil efficace, transformer la confrontation numérique en collaboration humaine vous fera en fait gagner en efficacité. En moins de temps qu'il en faudrait pour rédiger la réponse parfaite, vous pouvez facilement prendre le téléphone et travailler à trouver une solution.

Bien sûr, ça ne signifie pas que vous devriez abolir les courriels. Il s'agit d'un outil utile pour la conversation quotidienne (bien que d'autres outils numériques soient en plein essor). Mais utilisez-le intelligemment, soyez au fait de ses inconvénients et sachez juger quand le temps est venu de poursuivre la conversation en personne.

Les nouvelles de la semaine

Chaque semaine, envoyez un courriel à tous les employés pour faire le point sur les projets en cours et leur permettre de se donner des tapes dans le dos entre collègues.

On pourrait penser que les entreprises dans le milieu des communications débordent de bons communicateurs. Eh bien non. Dans plusieurs agences, la première fois qu'une majorité d'employés finit par voir une création qui sort de chez eux, c'est durant une pause publicitaire ou sur un panneau d'affichage alors qu'ils sont sur la route.

Chaque vendredi chez Rethink, un courriel contenant les dernières mises à jour sur les clients et sur les réalisations en cours est envoyé à tous les employés. Il inclut aussi une longue liste de tapes dans le dos anonymes, une occasion pour les Rethinkers de féliciter d'autres Rethinkers pour n'importe quel bon coup.

Les tapes dans le dos entre collègues, c'est ce qui fait la magie de chaque édition des nouvelles de la semaine. Elles sont anonymes, faciles à rédiger et peuvent être données pour tout type d'accomplissement, grand ou petit, pour que tout le monde se sente valorisé. Les nouvelles de la semaine sont parfois présentées sous forme de vidéo. Elles sont parfois agrémentées de GIF ou d'un thème créatif. Parfois, c'est seulement un texte envoyé par courriel. Mais peu importe leur format, tout le monde les attend avec impatience. Ça fait autant de bien de donner une tape dans le dos que d'en recevoir une, et la reconnaissance par les pairs, c'est démontré, est aussi importante que la reconnaissance venant des dirigeants[8].

La centaine de tapes dans le dos par semaine chez Rethink a un effet cumulatif. Quand vous ouvrez le courriel et que vous faites défiler à l'infini ce déversement d'amour et d'appréciation de vos pairs, ça fait chaud au cœur.

Les nouvelles de la semaine n'exigent pas nécessairement un grand engagement, puisque le processus en entier peut être fait par production participative (voir La production participative, page 47). La tâche de les envoyer chez Rethink est attribuée en rotation chaque semaine à une personne parmi la vingtaine d'associés, mais le contenu en soi provient des employés. Durant toute la semaine, les employés envoient des mises à jour sur leurs projets et des tapes dans le dos à leurs collègues. L'associé n'a qu'à collecter le contenu reçu par courriel, le formater comme il le veut et l'envoyer le vendredi après-midi. Cette façon de faire rend la production du message plus facile et permet à tout le monde de participer. Et quand vous contribuez à quelque chose, il y a de plus fortes chances que vous souhaitiez le lire ensuite.

Les nouvelles de la semaine ont peut-être l'air banales, mais elles sont beaucoup plus qu'un courriel hebdomadaire aux employés. Elles font la promotion d'une transparence accrue en donnant à chaque personne de la compagnie une vue d'ensemble de ce qui passe dans tous les bureaux. Ça peut être inspirant de voir tout ce qui est accompli dans d'autres départements. Et c'est une façon facile et conviviale d'impliquer vos employés personnellement et de célébrer leurs succès, ce qui favorise une meilleure culture et les rend heureux. Dans un domaine créatif où les gens se sentent souvent épuisés, il n'y a rien de plus important.

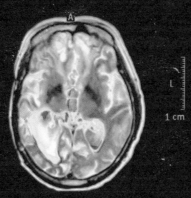

Sc 4
SE/M
SI 10

A

L

1 cm

Brainstorm dans un cubicule.

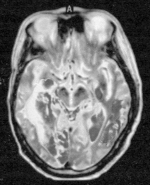

Sc 4
SE/M
SI 11

A

L

3 cm

Brainstorm dans un café.

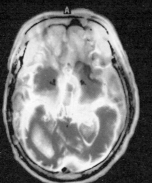

Sc 4
SE/M
SI 12

A

L

9 cm

Brainstorm sur une plage nudiste.

12

TEB

Donnez à vos employés la liberté de travailler au moment et à l'endroit qui leur conviennent le mieux.

Tout le monde a son propre scénario idéal pour stimuler sa créativité, et il y a de fortes chances que ce scénario exclue un cubicule ou un bureau. De plus en plus de compagnies explorent des conditions de travail plus flexibles, parce que même les bureaux les mieux pensés sont remplis de distractions (les gens, les chiens, les réunions, les beignes gratuits, etc.) et contiennent généralement peu de stimuli inspirants. Notre cerveau se nourrit de stimuli – plus il en reçoit une grande variété, meilleur est ce qui en sort[9]. Pour libérer le plein potentiel des esprits créatifs qui travaillent pour vous, mieux vaut les laisser sortir du bureau et se promener là où ils veulent.

Chez Rethink, on appelle ça le TEB (travail à l'extérieur du bureau). On ne fait pas ça pour donner un avantage aux employés, mais bien parce qu'une liberté accrue est synonyme d'un meilleur produit créatif. Un employé à qui on a fait assez confiance pour lui permettre d'aller et venir en toute liberté se sentira obligé de livrer quelque chose qui sera à la hauteur de cette confiance.

Une politique de TEB est logique parce que les gens sont tous différents. Il n'y a donc pas qu'un seul horaire possible pour une performance optimale.

Certains sortent à peine du lit et sont déjà parfaitement opérationnels au réveil. D'autres commencent leur journée plus lentement en buvant un café et en consultant leurs réseaux sociaux (pas qu'il y ait quelque chose de mal là-dedans!), puis ils prennent peu à peu de la vitesse durant la journée. Plusieurs créatifs trouvent qu'ils gaspillent leur journée à l'agence, incapables de se concentrer, et qu'ils finissent par faire le gros de leur travail après les heures de bureau. Si vous forcez quelqu'un à créer à un moment qui n'est pas optimal, vous obtiendrez un résultat qui n'est pas optimal. Mais le TEB permet à tous de travailler au moment et dans un lieu qui leur conviennent le mieux, ce qui engendre un maximum de productivité.

Permettre le TEB aux employés leur donne un sentiment de pouvoir, mais avec de grands pouvoirs viennent de grandes responsabilités. Pour que le système fonctionne, chacun doit être personnellement tenu responsable d'accomplir sa liste de tâches – même si la façon d'y parvenir est libre à chacun. Les employés ont aussi la responsabilité de dire où ils sont, de communiquer avec leurs équipes s'ils ont des réunions et d'être joignables en cas d'urgence. Ils devront venir au bureau pour certaines rencontres et présentations aux clients, mais au-delà de ça, pourquoi faire de la microgestion?

Et soyons honnêtes : les gens trouvent des excuses pour être à l'extérieur du bureau de toute façon. Ils ont des rendez-vous chez le dentiste, des problèmes avec la garderie, des autos à apporter au garage, des réparateurs à attendre chez eux... Vous pourriez certainement garder le compte des déplacements de tout le monde, mais est-ce vraiment comme ça que vous souhaitez utiliser votre temps? Certaines compagnies optent pour le partage d'emploi ou des horaires flexibles pour donner aux gens un peu de lousse, mais on trouve que ces approches peuvent être problématiques, particulièrement dans un domaine de service à la clientèle qui requiert une disponibilité en tout temps.

Le TEB offre la flexibilité dont les employés ont besoin, mais pas au détriment de l'accessibilité. Si vous avez confiance en vos gens, c'est dans votre intérêt de les laisser faire du TEB.

L'équilibre travail – vie personnelle

La créativité est inspirée par ce qu'on vit. Si vos employés n'ont pas le temps d'avoir une belle vie remplie, ils ne produiront pas de la bonne job.

Trop souvent, les créatifs portent leurs soirées et week-ends au bureau comme une médaille d'honneur. Ils font fièrement le décompte des heures supplémentaires passées au travail, comme si elles étaient la preuve de leur dévouement.

Mais vivre au bureau, ça ne devrait pas être une fierté, surtout pas pour ceux qui sont payés pour trouver des idées auxquelles les gens devraient s'identifier. Comment peuvent-ils espérer trouver des choses en commun avec monsieur et madame Tout-le-Monde s'ils passent 80 heures par semaine dans la même chaise à parler aux mêmes gens, tous travaillant dans la même industrie? En mettant l'accent sur trois idées clés, on a bâti une culture qui valorise l'équilibre travail – vie personnelle.

Ça commence par donner des vacances régulières et ininterrompues à l'ensemble des employés. Offrir trois semaines complètes de vacances payées, même aux nouveaux employés (et ensuite, s'assurer qu'ils sont bel et bien en mesure de les prendre), ça envoie le message que de décrocher est une partie importante du processus créatif. Les employés ne devraient jamais être encouragés à prendre des appels, à vérifier leur boîte courriel ou à se rendre disponibles pendant leurs vacances. Ça irait complètement à l'encontre de la déconnexion qu'on veut créer. La direction devrait prêcher d'exemple dans ce domaine – même les propriétaires et les fondateurs devraient être injoignables durant leurs vacances. Ce qui veut dire que les horaires de travail doivent parfois être remaniés pour accommoder les gens qui partent en congé (voir Gérez le trafic, page 101).

Le prochain point risque de semer un peu de controverse, particulièrement auprès de la plus jeune génération qui est habituée à une connexion constante, mais on a réalisé que désactiver les notifications de son courriel de travail en dehors des heures de bureau est incroyablement bénéfique pour la santé mentale et peut aider à éviter l'épuisement professionnel. Le déluge de courriels qu'on trouve dans sa boîte au matin n'est vraiment rien si on le compare aux vibrations et aux sonneries intermittentes qui peuvent vous garder éveillé toute la nuit. Plus vous vous forcez à vous couper du travail, plus vous serez engagé envers ce travail quand vous y reviendrez. Et si une urgence réelle survient (ce qui est rarement le cas), ça ne prend qu'un message texte pour joindre quelqu'un immédiatement. Assurez-vous simplement que cette mesure est utilisée exceptionnellement, pas quotidiennement.

Enfin, une autre manière de promouvoir l'équilibre, c'est en réduisant le chaos durant le temps dédié au travail. Dans le reste de cette section, on va couvrir plusieurs politiques qu'on a adoptées et qui nous aident à moins travailler les soirs et les week-ends, comme les heures de bureau (page 105) et la surcommunication (page 107).

Vous croyez peut-être qu'encourager moins d'heures supplémentaires conduit à moins de résultats. C'est contre-intuitif, mais en fait, il est prouvé que prôner un meilleur équilibre travail – vie personnelle améliore la productivité[10]. Une fois que vos employés auront accepté que travailler tard n'est pas une vertu et que quand vous leur dites qu'il est temps de partir vous ne les bernez pas, vous pouvez vous attendre à voir un accroissement de leur productivité de neuf à cinq. Les gens vont commencer à travailler plus efficacement, et non plus longuement, parce qu'ils auront des choses excitantes à faire après le boulot.

Et quand ils seront à l'extérieur du bureau, ils trouveront des manières de nourrir leur créativité. Ils iront à plus de spectacles, de concerts, de galeries d'art, essaieront de nouveaux restaurants, suivront des cours, travailleront sur des projets personnels et cultiveront le matériel duquel ils tirent leur inspiration. Leur qualité de vie s'en trouvera bonifiée, tout comme la qualité de leurs idées.

glisser pour éteindre

Y'A RIEN DE SPÉCIAL
BONNE FÊTE À PERSONNE
On ♥ les cœurs
Joyeux 200 juin
À TA SANTÉ, BIÈRE.
POURQUOI PAS?
C'EST MERCREDI!
Bonne chance, toi qui vas travailler ailleurs.
IL FAIT SOIF

Les fêtes irrationnelles

Un juste mélange de fêtes – traditionnelles, spontanées, tranquilles ou inusitées – aide à bâtir une culture à laquelle les gens ont envie de participer.

Dans une agence où les délais sont serrés, prendre le temps de célébrer ensemble peut parfois ressembler à une corvée. Vous ne voulez pas que vos employés prennent part aux événements pour la forme uniquement, ou qu'ils les voient comme «des moments de fun obligatoire». C'est donc à vous d'approcher ces célébrations avec de l'imagination. Si elles sont bien organisées, elles peuvent rapprocher les gens, promouvoir l'esprit d'équipe et même permettre aux employés de trouver eux-mêmes de nouvelles raisons de fêter. Chez Rethink, on a pris la décision consciente, au fil des années, d'encourager une culture des fêtes irrationnelles. On a tout fait pour générer des moments le fun que les gens ne voudraient pas manquer.

Plusieurs fois par année, on organise des «après-midi Rethink» durant lesquels on ferme le bureau de bonne heure pour aller s'adonner à des activités ludiques comme une partie de pétanque ou une chasse au trésor. On a organisé des concours de recettes de chili, des tournois sportifs et des expositions canines. Et chaque année, on met toute la gomme sur la Saint-Valentin avec un tournoi de Dame de cœur, une compétition de valentin secret et une célébration de l'amour dans tout le bureau.

Vous n'avez pas besoin d'attendre une fête officielle pour organiser un party. À la place, cherchez des excuses créatives pour célébrer. Une de vos plus grosses campagnes vient d'être approuvée? C'est peut-être l'heure du champagne et des charcuteries. Vous venez de décrocher un nouveau contrat important? Envoyez tous les employés à un parc d'attractions en autobus jaune.

Bien exécutées, les fêtes peuvent rallier les gens, renforcer l'esprit d'équipe et même donner l'occasion à vos employés de trouver de nouvelles raisons de célébrer. Par exemple, un Rethinker a un jour inventé une nouvelle fête intitulée Le 200e jour de juin comme excuse pour sortir prendre un lunch bien arrosé un 17 décembre. Aujourd'hui, Le 200 juin est devenu un événement annuel qui comporte ses propres coutumes et traditions fort élaborées (comme offrir des cadeaux volés et nourrir son voisin avec une bouchée de son lunch). Tout ce qu'il reste à faire du côté de l'entreprise, c'est d'offrir une tournée ou deux. Et vous allez voir, bien souvent, les événements qui naissent de manière organique sont ceux que les employés aiment le plus.

On célèbre même les départs. À Vancouver, chaque employé qui nous quitte a droit à un party animé par le band de Rethink. On s'efforce d'offrir de bons moments qui attireront spontanément les gens au lieu de les faire fuir. N'oubliez pas que le but est d'offrir à vos employés des moments spéciaux qui leur reviendront en tête un jour et leur feront dire : « Tu te rappelles la fois où…? »

C'est le genre de moments qu'ils raconteront à leurs amis et qui vaudront à votre compagnie la réputation d'être un endroit le fun, unique, où il fait bon travailler. Un endroit où les gens ont le droit de faire des choses un peu folles avec leurs collègues et amis, un endroit où les gens veulent travailler.

15 Les incontournables

Les réunions ne sont pas toutes des pertes de temps. Déterminez lesquelles sont cruciales et rendez-les obligatoires.

Dans plusieurs entreprises créatives, les échéanciers serrés et les horaires effrénés font en sorte que les réunions récurrentes sont très souvent négligées. Pas surprenant que les gens se plaignent alors d'un manque de communication. Garder la bonne sorte de réunion peut faire toute la différence pour générer une vision unie – et des profits.

Ça commence de manière bien innocente – une réunion est reportée d'une journée, ou d'une semaine, ou est carrément annulée parce que personne ne peut y aller. Mais c'est une pente glissante vers l'absence totale de réunions. Ce qui conduit ensuite à un manque d'alignement et d'efficacité.

Quand on dit qu'une réunion est «incontournable», on est sérieux. Pour les grosses réunions incontournables, on demande au trafic (page 101) de bloquer deux plages horaires différentes dans les calendriers de tout le monde, parfois des mois à l'avance, juste pour s'assurer que les gens concernés pourront être là. On fait ça pour toutes sortes de réunions, des appels mensuels des directeurs de création aux réunions trimestrielles des associés. Même si une réunion se résume finalement à une petite mise à jour de quinze minutes, le simple fait de tenir la réunion garde nos départements et bureaux sur la même longueur d'onde.

La rencontre la plus sacrée de toutes, c'est sans doute la réunion de création. Toutes les six semaines, on réserve à l'horaire de tout le département de création de tous les bureaux une plage horaire de trois heures. Il n'y a pas d'excuse possible pour être absent – les présentations aux clients et les tournages sont planifiés à l'extérieur des heures de cette réunion, et non l'inverse. Pendant ces réunions, les équipes créatives partagent à tour de rôle leurs réalisations les plus récentes sur Skype, ainsi que toute idée intéressante ou tout apprentissage utile les ayant marqués dans les derniers temps (voir Les apprentissages partagés, page 45).

On est obsédés par l'idée de garder les réunions de création incontournables, parce que c'est l'un de nos outils les plus inspirants et motivants. C'est gratifiant pour les créatifs qui présentent le travail dont ils sont fiers. Quand le boulot est vraiment remarquable, les applaudissements spontanés qui fusent dans la salle parlent d'eux-mêmes. Et rien n'est plus motivant que de voir d'autres personnes se faire couvrir d'éloges pour leurs idées. Les réunions de création nous aident à maintenir très haut la barre de notre produit. Quand une équipe n'a rien de neuf à partager dans une réunion de création, elle devrait être inquiète.

On tient aussi beaucoup à nos évaluations annuelles (voir Les évaluations Rethink, page 69). Les évaluations sont souvent parmi les conversations les plus significatives de l'année, mais elles sont aussi très faciles à reporter. Quand vous faites de l'évaluation de la performance une priorité, vous envoyez le message à vos employés que vous les valorisez et que vous vous souciez de leurs objectifs. Si jamais on a à reporter une évaluation pour une raison valable, on s'assure que toute augmentation de salaire sera payée au prorata à partir de la date d'anniversaire d'embauche initiale de la personne en question.

Comprenez-nous bien – notre but n'est pas de passer toutes nos journées assis dans des salles de réunion. Mais en choisissant quelques réunions ciblées auxquelles on s'engage, on évite de plonger dans le chaos.

Trois choses que je fais bien :

1
_____
_____
_____

2
_____
_____
_____

3
_____
_____
_____

Trois choses que je pourrais améliorer :

1
_____
_____
_____

2
_____
_____
_____

3
_____
_____
_____

16

Les évaluations Rethink

L'évaluation de la performance ne devrait jamais être un monologue unidirectionnel allant du haut de la hiérarchie vers le bas. Les meilleures évaluations sont des conversations constructives alimentées par les avis de plusieurs collègues.

L'évaluation des employés tombe souvent au bas de la liste des choses à faire. C'est facile de comprendre pourquoi. La préparation prend du temps et il n'y a pas d'urgence apparente à le faire. Il y a de bonnes chances que vous trouviez un tas de raisons pour l'éviter, surtout si vous anticipez une conversation un peu difficile.

Mais si vous êtes vraiment sincère dans le désir de prioriser les personnes dans votre organisation, vous devriez faire des évaluations annuelles une priorité et vous assurer que le processus n'est ni trop lourd pour l'évaluateur, ni pour l'évalué. Aucun gestionnaire ne saute de joie à l'idée de devoir rédiger un essai de 1 000 mots sur la performance d'un employé.

La première façon de démontrer l'importance de l'évaluation, c'est en évitant de repousser le moment prévu pour la faire (voir Les incontournables, page 65). Si une évaluation est remise une semaine plus tard, il y a de bonnes chances qu'elle soit ensuite remise un mois plus tard – et vous voulez éviter cette pente glissante à tout prix. Faites de cette évaluation une priorité absolue. Idéalement, faites-la annuellement à la date de début exacte de l'employé. Mettez-vous un rappel pour commencer à amasser les commentaires de ses collègues environ un mois avant l'évaluation.

Quand vous collectez les commentaires, assurez-vous de ratisser large. Demandez l'avis de personnes provenant de tous les départements, pas seulement de celui dans lequel votre employé travaille. Cette approche collaborative de l'évaluation vous donnera une meilleure idée de la situation de l'employé, tant au point de vue personnel que professionnel. Si vous n'obtenez pas assez de réponses au départ, prenez l'initiative de solliciter personnellement certains joueurs clés.

Collecter ces commentaires ne devrait pas être un travail intensif. Chez Rethink, on utilise un formulaire en ligne, mais une enveloppe dans laquelle les gens glissent une feuille anonyme fonctionnerait tout aussi bien. Et il n'y a vraiment que deux questions essentielles à poser : quelles sont les trois forces de la personne et les trois choses qu'elle pourrait améliorer ?

Une fois que vous avez recueilli assez de commentaires, déterminez quels thèmes reviennent le plus souvent, tant au point de vue des forces de la personne que de ses faiblesses. Faites ça avant l'évaluation. En général, s'il n'y a qu'une seule personne qui soulève un point, ça ne vaut probablement pas la peine de le mentionner. Si trois personnes ou plus disent la même chose, en revanche, c'est un thème qui mérite d'être abordé. Tirez des citations des commentaires pour les lire à voix haute à la personne évaluée – mais gardez ces commentaires anonymes. Si les collègues sont certains que leur avis restera anonyme, ils sont beaucoup plus susceptibles de se montrer parfaitement francs.

Réservez plus de temps que nécessaire pour ce genre de rencontre – une évaluation ne devrait jamais se faire dans une atmosphère d'urgence. Au moment de l'évaluation, vous devriez toujours commencer par demander à l'employé de s'évaluer lui-même. De quoi est-il le plus fier ? Sur quoi veut-il se concentrer pour l'année à venir ? Si la personne est prévenue qu'elle sera invitée à ouvrir le bal, il y a de meilleures chances qu'elle arrive préparée. Généralement, les gens se connaissent bien et arrivent à nommer leurs faiblesses, ce qu'ils font souvent dès le départ. Offrez-leur autant de temps de discussion que possible et essayez de les laisser mener la discussion. En leur permettant de donner le ton à leur propre évaluation, vous aurez un aperçu utile de leur état d'esprit et vous les aiderez à chasser leur nervosité.

Quand vous sentirez que c'est le bon moment, donnez les commentaires de manière verbale. Souvenez-vous de toujours commencer par des points positifs (voir J'aime. J'aimerais, page 35). Ensuite, passez aux choses qui pourraient être améliorées (vous les aurez peut-être déjà couvertes en commençant par l'autoévaluation de l'employé). S'il est question d'une augmentation de salaire ou d'un potentiel changement de titre, gardez ça pour la fin, sinon l'employé ne pensera qu'à ça et oubliera tout ce que vous lui direz par la suite.

Personne ne devrait être bouleversé par les commentaires reçus lors d'une évaluation, mais si c'est le cas, faites-vous un plan d'attaque et planifiez une rencontre de suivi avec l'employé en question. La personne devrait quitter la pièce avec l'impression d'avoir été écoutée, d'avoir eu l'heure juste et d'avoir défini les étapes à franchir pour s'améliorer. Vous pouvez aussi résumer son évaluation en quelques points clés sur lesquels travailler et la lui envoyer par courriel. C'est utile, parce que ça permet de revenir sur ces points à l'évaluation de l'année suivante.

Finalement, n'oubliez pas que l'évaluation annuelle ne devrait être qu'un de vos nombreux moments d'interaction avec vos employés. N'attendez pas cette occasion pour parler d'un problème – offrez plutôt une rétroaction en continu durant toute l'année.

Julie Doucet

P.-D. G.

Tête-à-tête avec les fondateurs

Vos connaissances et votre temps sont vos ressources les plus précieuses. Partagez-les davantage avec vos gens.

Le mentorat de qualité est une lacune majeure dans la plupart des entreprises créatives. On le sait parce qu'on l'entend tout le temps de la part des nouveaux qu'on engage chez Rethink. Plusieurs entreprises ont de beaux discours à ce sujet, mais très peu s'engagent réellement à offrir des occasions de mentorat, et encore moins à trouver des façons créatives de le faire.

C'est particulièrement vrai dans les compagnies où les fondateurs sont encore actifs au quotidien. Des fondateurs, en général, ce sont des gens remplis de connaissances, mais dépourvus de temps. Pour un employé débutant, ils ne sont bien souvent que des visages flous, aperçus uniquement en train de s'enfuir vers l'ascenseur. Leur mentorat est généralement réservé à quelques individus sélects, ce qui peut créer l'impression parmi les employés qu'ils ont « choisi leurs préférés ».

C'est là que la pratique du tête-à-tête avec les fondateurs entre en ligne de compte. C'est un système qui démocratise le mentorat. Ce n'est pas notre seule façon de donner du mentorat chez Rethink, mais c'est un fondement important. Dans le modèle du tête-à-tête avec les fondateurs, n'importe quelle personne de la compagnie a accès à du mentorat direct de la part des propriétaires. Et si les fondateurs de votre compagnie ne sont plus présents, ça fonctionne aussi avec les membres de la haute direction. Les fondateurs consacrent une certaine portion de leur temps (disons une ou deux journées par trimestre) à des séances de 30 minutes de mentorat. Les employés peuvent réserver une plage horaire avec le fondateur de leur choix, que ce soit en personne ou sur Skype. Durant ces séances, ils peuvent poser des questions, partager des inquiétudes, demander conseil et apprendre directement des leaders de leur organisation.

Les employés sont encouragés à être proactifs et à proposer un sujet de discussion. Ça aide à utiliser ce temps d'une manière efficace – et les fondateurs peuvent voir qui est intéressé, et ce qui les intéresse. Parfois, l'accent est mis sur des trucs pour générer des idées, ou encore sur des conseils pour apprendre à présenter ces idées plus efficacement. D'autres fois, la conversation touche plutôt aux objectifs de carrière à long terme de l'employé et du plan à mettre en place pour les atteindre.

On essaie d'être vraiment stricts et de protéger coûte que coûte le temps réservé à ces séances. Parce qu'offrir du bon mentorat, ce n'est vraiment pas si difficile. Ça revient simplement à être présent quand il le faut.

Félicitations à nous tous

18

Félicitations à nous tous

Tout le monde mérite les honneurs. Point final.

Aucune industrie ne se congratule plus elle-même que celle de la pub. Les prix ont de l'importance, autant pour générer de l'engouement autour de son agence que pour y attirer des talents créatifs. Ils sont souvent perçus comme la mesure du succès d'un individu, ou du succès d'une équipe, ou du succès du département de création. Mais comme pour n'importe quelle réalisation d'entreprise, le mérite doit être partagé.

Après les grandes cérémonies de remise de prix, on envoie toujours à tous nos employés un courriel faisant le décompte de notre récolte de prix et exposant les projets gagnants. C'est assez habituel comme procédure, mais on se fait toujours un point d'honneur d'inclure les mêmes quatre mots magiques à la fin de chacun de ces courriels : « Félicitations à nous tous. »

Il est commun d'attribuer le succès d'une réalisation créative à la personne ou à l'équipe responsable, mais on croit vraiment que cette façon de voir les choses est irréfléchie. On pratique un sport d'équipe et tout le monde mérite les honneurs pour un travail bien fait. Dire « félicitations à nous tous » rappelle aux équipes créatives qu'il y a un grand système en place et que tous les membres

LES PERSONNES   75 travaillent d'arrache-pied pour que leurs idées puissent réellement voir le jour. Ça souligne aussi le fait que chaque Rethinker, de la comptabilité aux TI, est également responsable de chaque trophée qu'on remporte.

Et parlant de trophées… on n'expose pas nos prix à l'entrée. À la place, on les donne à nos clients, ce qui est une bonne façon de reconnaître qu'on ne pourrait pas gagner sans eux. Derrière toute idée qui reçoit un prix, il y a un client qui a eu l'audace de s'en porter garant – un fervent croyant du pouvoir de la bonne création. Ces trophées-là font plus pour nous en étant exposés chez nos clients qu'ils le feraient en ramassant la poussière dans nos bureaux. Ils permettent à nos clients de faire bonne figure et ils solidifient notre relation.

Coaching 101

La première règle pour les coachs en création, c'est de savoir quand sortir de la glace.

On aime s'imaginer que les leaders chez Rethink sont des coachs de hockey. Un bon coach est quelqu'un qui est capable d'inspirer son équipe et de rallier son monde sous une vision unifiée. Un bon coach est capable de préparer et de guider son équipe en la soumettant à un entraînement intense, en prenant des décisions sur les jeux à faire et en donnant des commentaires clairs. Mais la seule chose qu'un bon coach ne fait absolument jamais, c'est embarquer sur la glace, s'emparer de la rondelle et essayer de marquer un but lui-même.

Pour les directeurs de création, la tentation est toujours là. L'envie de le faire soi-même. De sauver la situation à la dernière minute en étant le superhéros. Après tout, s'ils sont rendus là dans leur carrière, c'est forcément en ayant eu de bonnes idées. Parfois, ça paraît plus facile de résoudre un problème soi-même que de guider des créatifs à trouver une solution. Mais si vous faites ça, personne n'apprend, personne ne grandit. Fixez-vous comme but de faire monter d'autres personnes à votre niveau, pas de les rabaisser.

Les leaders qui s'impliquent trop sont trop souvent perçus comme des narcissiques, et leurs subordonnés ont tendance à se sentir négligés ou ignorés.

Il n'y a rien de plus démoralisant que de travailler de longues heures avec acharnement pour tenter de résoudre un problème, et qu'on vous l'arrache finalement des mains. Ça fait monter la grogne tranquillement au sein d'une équipe et à la fin, ça conduit à des démissions.

En établissant clairement le rôle et les limites du leadership, les compagnies peuvent éviter de créer cette atmosphère toxique. Un directeur de création peut guider une idée en la poussant et en aidant à la vendre, à l'interne et à l'externe. Il peut contribuer à une idée en offrant sa sagesse, ses conseils et ses suggestions. Ou il peut rester sur le banc, prendre du recul et avoir confiance que son équipe trouvera une façon de gagner.

Un truc utile pour les coachs : plutôt que de refiler à votre équipe un plan de match vers la victoire, donnez-lui délibérément de mauvaises idées à la place. Dans notre industrie, on donnerait donc à l'équipe un exemple d'une « mauvaise pub » – un concept qui répond aux besoins de la stratégie, mais qui sonne quétaine ou cliché. C'est une manière de passer votre message qui n'est pas menaçante et qui pousse les créatifs plus loin. Ça leur permet de bâtir sur le momentum d'une vérité stratégique et transformer votre mauvaise pub en quelque chose de bon.

Quand votre équipe gagne en tant qu'équipe, tout le monde en sort grandi. (Voir Félicitations à nous tous, page 75). En gros, si vous vous retrouvez dans un poste de leadership en création, ne laissez pas votre ego ou votre titre venir entraver de bonnes idées. Faites-vous assez confiance pour permettre à d'autres d'avoir du succès. Et sachez que vous attirerez le respect en aidant tous vos employés à avoir du succès, pas en étampant votre nom sur chaque idée juste parce que vous le pouvez.

20 *Don't Fuck It Up***

Un rappel pas si doux pour les gens qui reçoivent les directives et ceux qui les donnent – la qualité compte.

Comme la plupart des industries, les industries créatives fonctionnent avec une hiérarchie. Les shorts, les espadrilles et les chiens au bureau créent peut-être une ambiance décontractée, mais des idées doivent quand même être générées, raffinées et approuvées. La barre est placée bien haut, et la pression et les responsabilités sont grandes.

Dans l'industrie de la pub, tout commence par un brief du client. Ensuite, les rédacteurs, les designers et les directeurs artistiques présentent leurs idées à des directeurs de création (DC). On passe de gribouillages grossiers aux idées peaufinées en l'espace de quelques semaines ou mois, avec beaucoup de séances d'heures de bureau (voir page 105) pendant le processus. Beaucoup, beaucoup, beaucoup. À la fin de chaque séance, plusieurs de nos directeurs de création concluent avec une directive bien simple : *Don't fuck it up*.

** En français, on pourrait traduire librement cette expression par « ne faites pas tout foirer ». Il s'agit de la phrase favorite de Ian Grais, l'un des membres fondateurs de Rethink, et elle perd un peu de sens, de mordant, en l'adaptant dans la langue de Molière.

Ça fait toujours rire. Un petit rire nerveux, d'habitude. Et ce n'est pas une si mauvaise chose. DFIU, qui est le sigle qu'on utilise à l'interne, fonctionne dans les deux sens. Il rappelle aux gens que oui, Rethink est une place le fun où travailler, mais que les attentes sont élevées. Et c'est aussi un rappel à nos DC que leurs équipes peuvent seulement réussir si on leur donne une direction claire et réalisable.

En gros, les directeurs de création doivent se souvenir de « diriger ». Vous seriez surpris du nombre de DC qui oublient cette règle de base. Leurs commentaires sont toujours une variation de « On n'y est pas encore. Continuez à travailler. Je vais savoir que c'est bon quand je le verrai. »

Pour nos DC, DFIU fait aussi office de liste de vérification chaque fois que les créatifs leur présentent du travail :

- *Direction* : Clarifiez l'approche créative et stratégique.
- Feedback : Dites à votre équipe ce qui fonctionne et ce qui ne fonctionne pas, et pourquoi.
- *Instructions ou inspiration* : Donnez à l'équipe des priorités sur lesquelles se pencher.
- Understanding : Aidez l'équipe à comprendre les opportunités et les défis.

Tout ça demande du temps. Ça ne peut pas se faire en deux minutes dans un corridor. Il faut le faire en personne plutôt que par message texte, téléphone ou courriel. Et c'est votre chance comme directeur créatif de vraiment diriger : en inspirant et en mentorant. D'être le genre de patron que vous auriez aimé avoir.

De ne pas tout faire foirer.

Le produit

Chez Rethink, on s'est toujours vus comme des gens qui règlent des problèmes de façon créative tout en étant maîtres de notre destin. Au fil des années, on a réalisé que le plus grand problème qu'on a résolu, c'est comment résoudre les problèmes. Ça inclut nos méthodes pour créer la stratégie, le contenu et l'expérience faisant de notre produit ce qu'il est.

Avec le temps, on a appris que quand on prend soin de notre monde, une culture saine peut émerger (voir la première section Les personnes, page 18). La rumeur va alors se répandre et vous allez attirer les meilleurs candidats de votre industrie. Mais bâtir une bonne équipe, ce n'est pas assez. Vous avez besoin d'une structure pour les diriger vers le succès. Il faut lui donner une direction constante, et quand les choses ne se déroulent pas comme prévu, vous devez corriger le tir et recommencer.

On a appris que l'agence et les clients arrivent à se comprendre et que les créatifs s'épanouissent lorsque les processus sont démystifiés.

On a appris que la créativité se développe quand elle est partagée dans un esprit de collaboration, et non quand elle demeure la chasse gardée d'une seule équipe ou d'un seul département.

Mais surtout, on a appris à ne pas avoir peur de l'ordre, de la structure et de la discipline : en fait, ces choses vous libèrent. Elles créent des espaces protégés qui permettent aux équipes de frapper des coups de circuit. L'ordre permet plus de temps pour avoir une pensée créative plus courageuse et provocatrice.

Si ça sonne un peu contrôlant, c'est que ce l'est probablement. Dès nos débuts chez Palmer Jarvis, on a appris que pour créer une culture créative forte, une bonne dose de discipline peut faire des merveilles. On a découvert que quelque chose de magique survient si on grandit et qu'on arrête de se comporter comme les « enfants » créatifs de l'agence alors que les gens du service-conseil jouent le rôle des « parents ». La direction vous prendra plus au sérieux, et vos clients aussi. Et une fois que ça se passe, le centre de gravité de l'organisation s'éloignera du besoin de plaire à vos clients et les gens s'ouvriront au pouvoir des *insights* et des exécutions créatives et à leur pouvoir de régler un vrai problème et d'inspirer l'action et le changement.

On a senti cette transition se produire chez Palmer Jarvis dans les années 1990. Puis, quand DDB a pris le contrôle, les priorités ont changé et on a vu les profits éclipser les personnes et le produit. Ça nous a donné envie de nous aventurer sur notre propre chemin, sur lequel on pourrait tout repenser, tous les jours.

On a commencé par examiner comment les idées étaient générées dans notre industrie, ce qui peut être fait de manière très chaotique (c'est le moins qu'on puisse dire). On a donc bâti une plateforme pour résoudre des problèmes avec la créativité. Elle est personnalisée pour nos clients et nous, mais adaptable et transférable à de nouveaux bureaux, de nouveaux clients et de nouvelles cultures. Elle est viable parce qu'elle réduit les obstacles et les points de friction communs aux domaines créatifs, ce qui aide à protéger les employés de l'épuisement professionnel.

On aime croire qu'on a trouvé des façons utiles de protéger et d'encourager la créativité, tout en produisant un meilleur travail, plus facilement et plus efficacement. On est particulièrement fiers de prendre ces solutions et de les codifier, les organiser et les présenter pour qu'elles soient mémorisables et transférables ailleurs. On les coule dans le béton. Ça nous empêche aussi de nous répéter et de réinventer les mêmes processus sans arrêt.

Au cours de notre carrière, on a vécu d'immenses changements dans notre industrie, comme l'arrivée de l'Internet qui a bouleversé chaque aspect de notre travail. Les outils et les canaux de communication sont devenus accessibles à tout le monde. Les données et les expériences numériques ont maintenant un impact sur la manière dont les gens agissent. L'attention est devenue encore plus éphémère et donc, de plus grande valeur.

À travers tant de changements, on a réalisé que certaines choses sont intemporelles : une histoire mémorable, un design élégant, un puissant *insight* humain, une nouvelle idée contagieuse. Encore et encore, on est revenus aux outils et aux processus qui restaient pertinents. Et on en a repensé des nouveaux.

Au fil du temps, on s'est retrouvés avec une collection qu'on s'est mis à appeler la «Machine Rethink». L'ensemble de ses pièces définit nos principes et nos processus créatifs. La Machine, c'est le résultat de 20 ans d'essais et erreurs. D'après nous, elle peut être appliquée bien au-delà des sphères de la publicité et du design, à n'importe quelle industrie qui valorise les idées ou qui a besoin d'en créer.

Sentez-vous bien libre d'en faire l'essai. On espère que ce qui fonctionne bien pour nous sera inspirant pour vous.

Ian Grais, membre fondateur

THE ELEMENTS OF STYLE
STRUNK AND WHITE

Tribes SETH GODIN

LATERAL THINKING EDWARD DE BONO

Jean-Marie Dru La publicité autrement

blink The Power of Thinking Without Thinking Malcolm Gladwell Little, Brown

Hey Whipple, Squeeze This FIFTH EDITION
THE CLASSIC GUIDE TO CREATING GREAT ADS
SULLIVAN BOCHES

CONSCIOUS CAPITALISM Harvard Business Review Press
MACKEY SISODIA

LES 36 CORDES SENSIBLES DES QUÉBÉCOIS Jacques BOUCHARD†

A SMILE IN THE MIND Beryl McAlhone David Stuart

ONE SHOW
TO STEAL IS GENIUS BOB LEVENSON
BILL BERNBACH'S BOOK

Quêtez, empruntez et faites-en votre affaire

Inspirez-vous des meilleurs... et n'ayez pas peur de leur voler quelques trucs.

Un des traits principaux des grands penseurs créatifs, c'est la curiosité. C'est aussi l'une des forces motrices de la marque qu'est Rethink : impossible de repenser les choses sans tirer son inspiration de quelque part.

Malheureusement, le type de « développement professionnel » pratiqué dans la majorité des domaines créatifs n'est pas tellement inspirant. L'industrie de la publicité, par exemple, a des dizaines de cérémonies de remise de prix. Ces rassemblements d'autocongratulation sont de bonnes occasions de voir de vieux amis et de garder un œil sur ses ennemis, mais ils constituent rarement une vraie source d'inspiration. La plupart des pubs qu'on y présente, après tout, ont déjà quelques mois ou même plus d'un an.

Quelques-unes de ces remises de prix ont tenté d'augmenter leur valeur en présentant des conférences avant ou après la cérémonie. Et c'est là que l'industrie a mis ses efforts en matière de « développement professionnel » depuis des années. Ces conférences, comme dans la plupart des domaines créatifs, sont simplement une chance de voir et d'entendre des gens couronnés de succès raconter leur histoire. Mais qu'est-ce qu'elles sont inspirantes, ces histoires ! On a pu y entendre les créateurs de la campagne Got Milk? raconter comment, en étudiant le comportement des gens dans leurs foyers, ils ont développé cette incroyable idée. On y a écouté les génies derrière la marque French Connection UK expliquer comment, en décidant d'utiliser leurs initiales (FCUK) au lieu de leur nom complet, ils ont chamboulé le monde de la mode. On y a vu plusieurs des grands créatifs de notre industrie du dernier quart de siècle et même d'avant.

Et on a volé un truc précieux à chacun d'entre eux.

Certaines des philosophies les plus célèbres chez Rethink ont été inspirées par d'autres. Par exemple, la théorie de la balle de ping-pong (page 147) est venue d'une présentation de Graham Page à laquelle on a assisté. Elle portait sur l'importance de la simplicité et de la clarté des messages[11] – même si les conférenciers n'ont pas utilisé l'analogie des balles de ping-pong. On a ajouté cette métaphore au concept parce que selon notre expérience, les idées deviennent populaires quand elles portent un nom accrocheur ou quand elles contiennent une bonne métaphore.

On se fait un point d'honneur d'envoyer des gens de différents départements à diverses conférences, même si l'accent de ces présentations est mis sur le côté créatif de l'industrie. Leur devoir, c'est d'écouter, d'apprendre et de rentrer avec le top 10 de leurs apprentissages, qu'ils partagent ensuite avec tout le monde durant un dîner Pizza et conférence (voir Les apprentissages partagés, page 45).

On expérimente les nouvelles idées et les nouveaux outils en les essayant d'abord à petite échelle, dans un seul bureau. Ceux qui fonctionnent sont ensuite appliqués à toute la compagnie. De cette façon, la Machine Rethink – même ses pièces volées – continue de fonctionner à pleine vitesse et à pleine efficacité.

Si vous trouvez quelque chose d'utile dans ce livre, volez-le. Et peut-être qu'un jour, on vous rendra la pareille.

22 Écoutez et apprenez

Apprenez « des » gens, et pas seulement qui ils sont.

Plusieurs industries créatives sont un mélange d'art et de science. Un architecte ne se rendra pas bien loin si une ingénierie bâclée fait s'écrouler ses bâtiments. Mais en marketing, les gens essaient parfois d'utiliser des principes scientifiques à l'étape de la stratégie pour décider précisément à qui parler et quoi leur dire. Ils se basent sur des modèles de recherche avant-gardistes pour pénétrer l'esprit des consommateurs. Les méthodes les plus extrêmes vont jusqu'à brancher des capteurs cérébraux sur des cobayes et suivre leurs mouvements oculaires.

Nous, on préfère jaser.

L'authenticité, c'est ce qui sort de la bouche des gens, pas des données brutes ou de capteurs. C'est facile de rester à distance et d'établir des corrélations à partir des données... mais des données dans le vide, ça peut être dangereux et trompeur[12]. Apprendre qui sont ces gens, ça peut se faire à distance, mais apprendre des gens nécessite de la proximité.

On apprend beaucoup plus de choses en allant sur le terrain et en y puisant des histoires qui soutiennent les données. On aborde la recherche comme le font les journalistes : on commence par s'intéresser aux faits facilement accessibles, puis on les valide avec les personnes qui sont vraiment concernées par la situation qui nous intéresse. Si on essaie de rejoindre les mamans débordées, par exemple, on va accompagner des mères à des pratiques de hockey. Après tout, la publicité est une façon de raconter des histoires. Si le résultat final est une histoire, est-ce que ça ne devrait pas commencer par une histoire aussi?

Si on veut raconter à quelqu'un quelque chose qui sera crédible (et qui va le pousser à changer un comportement), on doit le tirer de vraies expériences vécues par de vraies personnes. Les conversations en tête-à-tête sont toujours meilleures que les groupes de discussion. Mettre des consommateurs derrière une vitre et leur servir des mauvais sandwichs, c'est la recette parfaite pour une pensée unique et une expérience qui vire au fiasco.

Même l'idée d'apprendre des « consommateurs » a ses failles. Les personnes sont des personnes, pas seulement des trous béants prêts à engloutir des produits et des messages sans y réfléchir. Se souvenir de cette prémisse bien simple fait toute la différence, que ce soit pour bâtir une stratégie ou pour peaufiner une campagne.

La touche humaine fait toute la différence.

VENDS CE EN QUOI TU CROIS EN CE QUE TU ACHÈTES

La conviction partagée

Vous voulez une bonne vision stratégique? Mettez-vous à la recherche d'une conviction partagée.

Avant de pouvoir créer une solution hors du commun, ça vous prend une stratégie hors du commun. On s'entend là-dessus dans pratiquement toutes les entreprises créatives.

Plusieurs compagnies isolent la stratégie dans un département à part. Dans l'industrie de la pub, les planificateurs stratégiques sont chargés de générer des *insights*. Mais souvent, ils se retrouvent à l'écart des rédacteurs, des directeurs artistiques et des designers, qui sont pourtant ceux qui vont trouver la réponse créative au problème.

Chez Rethink, on a toujours cru que la stratégie était un sport d'équipe. Nos stratèges collaborent de près avec les créatifs et le service-conseil dès le départ. Toutefois, la meilleure pensée créative se doit d'être plus que collaborative. Elle doit prendre racine dans l'humanité. Elle doit être pertinente. Elle doit naître d'une conviction partagée.

Dans notre domaine, plusieurs marques mettent l'accent presque exclusivement sur ce qui les rend différentes, d'où l'obsession de longue date entourant la proposition commerciale unique (ou USP, pour Unique Selling

Proposition en anglais). Mais à l'ère numérique d'aujourd'hui, la mesure du succès est calculée en fonction de la quantité de personnes qui partagent votre contenu avec leurs amis et leur famille. Le contenu de marque est maintenant perçu comme le reflet direct de la personne qui le partage, alors parler seulement de soi-même est la recette par excellence pour se faire ignorer. Vous devez trouver un point commun avec votre audience si vous voulez qu'elle amplifie la portée de votre message.

Utilisons le secteur de l'automobile comme exemple. Personne ne se réveille un bon matin en disant : « Vous savez quoi ? Je suis un gars de Volvo, moi. » Très peu de marques sont assez fortes pour que les gens s'y identifient simplement par convictions personnelles. La plupart du temps, c'est plutôt quelque chose que la personne et la marque partagent : « Volvo valorise la sécurité des passagers. Je valorise la sécurité de ma famille. Je valorise Volvo. »

Une conviction partagée peut être une ambition, un espoir, une peur, une esthétique… vous comprenez l'idée. Cette façon de penser peut être appliquée à pratiquement tout problème créatif de toute industrie. La conviction partagée, c'est le point de jonction où entreprises et humains se rencontrent.

24

Le test du cinq à sept

La première mission de n'importe quelle idée, c'est de faire parler d'elle.

Les gens détestent la publicité. Toutes sortes d'études le prouvent[13]. Mais au fil des années, on a remarqué quelque chose d'étrange : si vous allez à n'importe quelle soirée et que vous attendez assez longtemps, presque chaque fois, vous entendrez des gens parler d'une pub, qu'il s'agisse d'une campagne qu'ils ont vue ou d'un produit qu'ils ont découvert grâce à un bon coup de marketing. On dit toujours à nos clients : « Notre boulot, c'est que les gens parlent de vous. Si vous passez le test du cinq à sept, il y a de bonnes chances que votre idée fasse une différence. »

Les idées qui font parler d'elles dans la vraie vie feront probablement aussi jaser sur le Web. Alors comment créer l'idée qui va littéralement briser l'Internet, celle dont tout le monde va parler et sur laquelle tout le monde va *tweeter* ?

L'une des choses clés que nos concepteurs-rédacteurs et directeurs artistiques recherchent durant une revue par les pairs (page 143), c'est de voir si l'idée provoque une réaction émotionnelle viscérale. Si le concept est censé être drôle, est-ce qu'ils ont éclaté de rire, ou ont-ils à peine souri ? Si on veut susciter des émotions, est-ce que ça leur a donné des frissons ou peut-être même fait verser une larme ou deux ? Si ce n'est pas le cas, c'est probablement parce qu'il faut continuer à chercher (voir KG, page 173). Si une idée ne provoque pas de réaction instinctive, elle ne provoquera pas de conversations non plus.

Une autre façon de vérifier que votre idée fera parler d'elle, c'est de vous demander de quoi elle aurait l'air si elle faisait la une du journal. Quel serait l'angle choisi par les journalistes pour rendre la nouvelle attirante aux yeux des lecteurs? Quel titre vous pousserait à la «partager»? Et votre mère? Et tous ceux que vous connaissez? Ce truc-là n'est pas un grand secret, et on ne s'en attribue pas le crédit (voir Quêtez, empruntez et faites-en votre affaire, page 89). Les cerveaux créatifs de Crispin Porter + Bogusky sont depuis toujours de fervents adeptes de la question «Quel est le titre de la une?» – et ça transparaît certainement dans leur travail, qu'on a toujours le goût de partager.

En résumé: C'est qu'une idée forte devrait toujours être assez claire pour être partagée au téléphone, dans un ascenseur, comme un grand titre de journal, dans une publication Facebook ou à un chic cocktail dînatoire. Elle devrait déclencher une réaction, et pas seulement chez les juges qui couronnent le meilleur de l'industrie, mais aussi chez monsieur et madame Tout-le-Monde et dans les médias.

As-tu vu ça?

Oui, Molson Canadian a envoyé un frigo à bière en Indonésie!

Qui appelles-tu en cas de besoin?

- La station de radio locale (0,2 %)
- Le 911 (0,6 %)
- Ta mère (2,2 %)
- Le trafic (97 %)

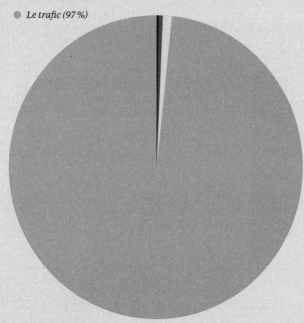

Que fais-tu quand tu as un problème?

Je vais pleurer dans les toilettes

Je vais pleurer dans les escaliers parce que les toilettes sont toutes occupées

Je vais pleurer dans les toilettes, puis parler au trafic

Je vais parler au trafic

Sur une échelle du bonheur, à quel point ta vie est meilleure grâce au trafic?

Avec trafic

Sans trafic

0   Bonheur (%)   100

Quand est-ce que le trafic t'a sauvé le derrière?

- Quand j'étais un peu trop dans le jus (4 %)
- Quand mes cheveux ont pris en feu (13 %)
- Quand j'ai fini en prison (26 %)
- Quand j'ai oublié comment respirer (55 %)

Qu'est-ce que le trafic t'a appris?

- À être un être humain (16 %)
- Que c'est correct de dire non (22 %)
- À suivre le processus de Rethink (25 %)
- À demander de l'aide si besoin (37 %)

Quantité moyenne de problèmes évités grâce au trafic

26 892 kg

Nombre moyen de fois où le trafic t'a sauvé les fesses

2 131 700

25 Gérez le trafic

Empêchez les projets (et les gens) de se casser la gueule.

Les entreprises créatives sont comme des aéroports. Les briefs atterrissent, les équipes s'activent et des projets, petits et gros, prennent leur envol partout dans le bureau. Ce sont des environnements agités et frénétiques.

Mais à qui donne-t-on la priorité sur le tarmac rempli de monde? Quelle équipe part à bord de quel projet? Et qui est dans la tour de contrôle pour s'assurer que les différents avions n'entreront pas en collision dans les airs, causant un chaos généralisé et un désastre abominablement coûteux? Dans un aéroport, c'est le contrôleur aérien. Chez Rethink, on appelle tout simplement ça « le trafic ». D'autres entreprises créatives ont des gestionnaires du trafic, mais bien peu d'entre elles leur accordent le genre de pouvoir qu'on leur donne chez Rethink.

Le travail du trafic, que ce soit de façon individuelle ou en équipe, c'est de gérer les ressources créatives. Si le département de la création est le moteur de la machine qu'est votre compagnie, alors le trafic en est la transmission. Il distribue l'énergie du moteur là où c'est nécessaire. Quand un brief arrive, il est d'abord envoyé au trafic, qui regarde quelles équipes créatives sont disponibles pour le prendre et décide ensuite laquelle est la plus qualifiée pour ce projet précis. Pour prendre sa décision, le trafic évalue le lot de travail de chacune, ses capacités et ses compétences particulières.

Ce fonctionnement diffère de celui qu'on retrouve dans plusieurs compagnies, où les dirigeants ont le droit d'entrer dans le département créatif et de demander à des rédacteurs, des designers et des directeurs artistiques de prendre un projet ou d'assister à une réunion.

Le trafic ne fait pas qu'assigner les projets; il les escorte tout au long du processus de la Machine Rethink. Après les réunions de création, chaque équipe va directement au bureau du trafic pour l'informer de la quantité de travail supplémentaire qu'elle a à produire. Si un échéancier est modifié, les personnes du trafic sont les premières à le savoir. Et sur tous les courriels concernant l'affectation des ressources créatives ou pour toute demande relative au temps d'un créatif, le trafic doit être en c. c.

Garder tous les avions dans les airs, ça nécessite un degré de communication obsessif. Un gestionnaire du trafic devrait se faire un point d'honneur de prendre des nouvelles de chaque créatif au minimum une fois par semaine, et de prendre des notes détaillées quand il fait sa tournée. Ça ne suffit pas de regarder les feuilles de temps (voir Produit vs heures, page 183) – le trafic doit constamment prendre le pouls du département de création en ayant l'œil sur les capacités, le niveau de stress et même les activités de la vie personnelle de tout le monde.

Les avantages d'avoir un système de trafic puissant vont bien au-delà de la gestion de projet. En s'assurant que les créatifs ne sont pas surchargés, le trafic offre un filet de sûreté psychologique à l'équipe. Si une personne se sent submergée par le travail, elle peut aller voir le trafic et demander à ce que certains projets soient réattribués. Et avoir le trafic comme unique point de départ pour tous les projets épargne les créatifs du travail logistique, ce qui leur permet de se concentrer calmement sur la tâche qu'ils doivent accomplir.

Gérer le trafic, ce n'est pas pour tout le monde. Ça prend un type de personne particulier, qui a la débrouillardise dans le sang et de bonnes qualités interpersonnelles, de la flexibilité, le don de réfléchir vite et l'habileté de faire plus d'une chose à la fois. Et tout ça, jour après jour, tout en guidant les créatifs. Les bons gestionnaires de trafic sont à peu près aussi rares que les licornes, mais en cherchant bien, on les trouve. On a découvert que les personnes qui avaient le plus de talent dans ce poste provenaient souvent des industries du service ou de l'hôtellerie : des gérants de restaurants ou de salons de coiffure très fréquentés, par exemple.

Il y a un genre de mythe entourant les milieux de travail créatifs : l'idée que la créativité nécessite un certain niveau de chaos pour être au sommet de sa forme. Mais sans discipline, la créativité peut s'avérer inefficace, et franchement, épuisante. Il s'avère que malgré leur réputation, les créatifs apprécient tout de même un peu de structure dans leur vie. Et ça permet de garder beaucoup plus d'avions dans les airs.

NE PAS
DÉRANGER

Les heures de bureau

26

Au lieu de jouer à la chasse au directeur de création, instaurez des heures de bureau quotidiennes.

Dans l'industrie, il n'est pas rare de voir les équipes créatives recevoir les commentaires sur leur travail sur le coin d'une table. Dans plusieurs boîtes de publicité et de design, elles attendent le moment opportun pour partager leurs idées avec leur directeur de création. Si elles ne peuvent pas s'arranger pour avoir un tête-à-tête avec lui, elles passent souvent la soirée à attendre ses commentaires par courriel ou par message vocal.

Cette approche libre et fluide peut paraître efficace, mais elle fait plus de mal que de bien. Elle crée de l'anxiété chez les équipes qui font les cent pas dans le corridor en attendant leur tour pour voler quelques minutes à leur DC, qui leur donne alors des commentaires moins réfléchis, plus impulsifs. En plus d'être ralenti dans son propre travail à cause des interruptions incessantes.

Les heures de bureau, c'est un système simple, mais efficace, qu'on a emprunté au milieu universitaire. Chaque jour, une portion de l'horaire de chaque DC est réservée pour évaluer le travail créatif. Les équipes réservent des heures de bureau en tranche de 15 ou de 30 minutes, grâce au trafic (page 101), puis présentent leurs idées à ce rendez-vous. Tout le monde sait quand un DC sera disponible pour donner ses commentaires. Ça permet aussi aux DC de mieux planifier leur journée et d'être bien plus productifs.

Avoir la prochaine séance d'heures de bureau à son agenda aide les équipes créatives à garder les projets frais dans leurs esprits et à les faire progresser – et ça les empêche de laisser certains projets de côté jusqu'à la dernière minute. Sur des mandats d'envergure, ça peut être utile de déterminer toutes les heures de bureau à l'avance, du brief à la présentation aux clients.

Les heures de bureau sont peut-être, en fait, la meilleure forme de mentorat qu'une compagnie peut offrir (mais voir aussi Tête-à-tête avec les fondateurs, page 73). De l'attention en tête-à-tête et du coaching de la part des dirigeants, c'est exactement ce dont les jeunes créatifs ont soif. Ça les aide à développer leurs talents plus rapidement, ça leur offre un aperçu direct du processus de réflexion qui est à la base de la rétroaction et ça leur donne la chance de faire valoir leur opinion.

Parce que ces rencontres sont importantes, on essaie d'y consacrer des blocs de temps adéquats. La durée d'une séance devrait permettre de présenter son travail, d'en discuter, puis d'obtenir des commentaires directement sur place (pour des trucs sur les commentaires, voir *Don't Fuck It Up*, page 81). S'il y a plusieurs têtes dirigeantes dans la pièce, l'équipe peut toujours sortir pendant quelques minutes pour qu'elles se mettent d'accord sur leur rétroaction (ce qu'on appelle également «ne pas se chicaner devant les enfants»).

Ces moments deviennent de véritables pratiques pour les présentations aux clients. Les équipes devraient toujours présenter leur travail verbalement durant ces réunions, tout comme elles le feraient devant un client. On essaie toujours de tenir ces heures de bureau en personne, avec le coup de téléphone ou la vidéoconférence en deuxième recours. Expliquer une idée à voix haute aussi succinctement que possible pour une personne qui ne l'a pas encore entendue, c'est la meilleure manière de tester sa clarté et son impact (voir Le test du cinq à sept, page 97).

Oui, il y a des moments où les heures de bureau peuvent être contournées. Parfois, il y a des choses tellement urgentes qu'une conversation de corridor ou un courriel est tout ce dont on a besoin pour qu'un projet puisse continuer à avancer. Mais ça devrait être l'exception, pas la règle (et même ces rapides conversations devraient être gérées par le trafic). Protégez vos heures de bureau, et vous vous assurerez que votre produit obtient toute l'attention qu'il mérite.

27 Sur-surcommuniquez

La communication excessive évite les surprises et soutient une culture d'ouverture et d'honnêteté.

Dans l'introduction de cette section, on a présenté le concept de la Machine Rethink (page 87), nos processus pour développer des idées. L'huile dans cette machine est la communication. Quand un projet traverse les étapes de la machine, la surcommunication fait partie de chaque étape du processus. Sans communication pour permettre au mécanisme de fonctionner aisément, c'est toute la machine qui s'effondre. Souvent de manière spectaculaire.

Comme avec toute valeur d'entreprise, un engagement à surcommuniquer part du haut. Si vous êtes un propriétaire ou un fondateur, chaque fois vous vous demandez «Qu'est-ce que je veux faire?», vous devriez tout de suite vous demander également «À qui est-ce que je dois en parler?» Quand on y pense bien, gérer une compagnie, c'est vraiment juste une série de conversations en continu.

Question d'aligner les visions, chaque projet devrait commencer par une réunion rassemblant toutes les personnes concernées, incluant des représentants de tous les départements: stratégie, service-conseil, création, trafic et production. Cette réunion doit jouer le rôle d'un forum de discussion pour tout le projet. Les obstacles potentiels sont repérés, les échéanciers sont négociés, les DC peuvent faire valoir leur point de vue aux stratèges, les producteurs peuvent signaler des problèmes potentiels de budget qui pourraient affecter les idées créatives (par exemple, le nombre de comédiens qu'on peut se permettre), et tout le monde autour de la table peut faire entendre sa voix. Ces réunions sont une belle façon de renforcer l'idée qu'on travaille tous ensemble en tant qu'équipe vers un but commun.

Dans un bon processus, les réunions devraient être déterminées à l'avance – et pas seulement avec l'équipe centrale, mais également avec les producteurs, les partenaires médias, les fournisseurs... tous ceux qui doivent donner leur avis. Si, à n'importe quel moment, quelqu'un se sent submergé par ses tâches, c'est sa responsabilité de le dire ou d'aller en parler au trafic (page 101) avant que le problème ne devienne trop gros.

Pour des projets de plus grande ampleur, vous voudrez peut-être surcommuniquer encore davantage en planifiant un caucus de 10 minutes, chaque matin, pour commencer la journée. En plus de permettre l'alignement des tâches et des objectifs du jour, ces caucus renforcent le sentiment d'équipe et le désir de faire un effort collectif pour surmonter des problèmes et atteindre un but commun. Ces rencontres éclair sont l'occasion parfaite de soulever tout problème potentiel et le tuer dans l'œuf. (Note: Pour que vos caucus ne se transforment pas en réunion d'une heure, faites-les debout. On sort les chaises de la pièce.)

La surcommunication, ça semble peut-être répétitif, mais c'est fiable. Voyez-la comme un mécanisme de sécurité ultime. Si vous vous faisiez frapper par un autobus demain, est-ce que votre entreprise et votre équipe auraient toutes les informations dont elles ont besoin pour poursuivre le projet? C'est la technique de la NASA; cette organisation a intentionnellement intégré des redondances verbales et techniques dans ses systèmes pour s'assurer que peu importe ce qui arrive, les connaissances essentielles ne sont pas perdues[14]. Communiquer de façon redondante n'est pas inefficace; c'est une force.

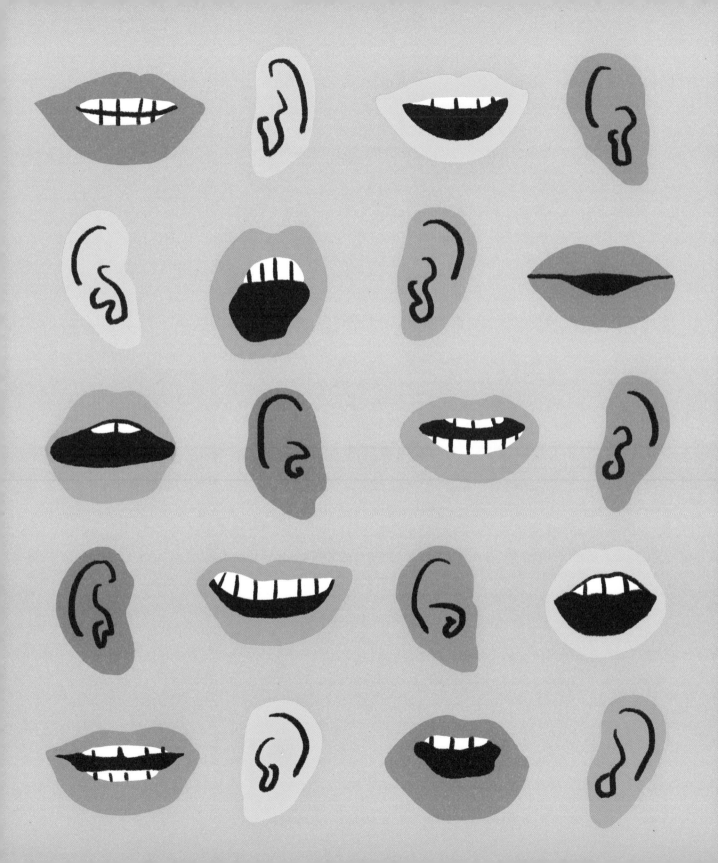

TRAVAILLEZ EN ÉQUIPE DE DEUX

METTEZ LE DOIGT SUR LE PROBLÈME

CHANGEZ D'OUTILS

FAITES DES LISTES
LISTES
LISTES
LISTES
LISTES
LISTES
LISTES
LISTES
LISTES
LISTES
LISTES
LISTES
LISTES

IMAGINEZ COMMENT QUELQU'UN D'AUTRE RÉGLERAIT LE PROBLÈME

ALLEZ PRENDRE UNE MARCHE

CHANGEZ DE MÉDIUM

$$1+1=3$$

COMMENCEZ PAR LA FIN

Comment avoir une idée

Deux outils simples pour vous aider à démarrer.

Il y a plein de livres et de sites Web remplis de trucs utiles pour apprendre à sortir des idées. Ce livre n'en fait pas partie, mais on sentait qu'on aurait été négligents si on n'avait pas au minimum inclus certains de nos outils préférés pour générer des idées. En voici deux auxquels on revient toujours, inlassablement. Ils sont incroyablement simples, incroyablement efficaces, et ont été utilisés dans beaucoup des réalisations dont on est les plus fiers.

Le premier outil, c'est 1 + 1 = 3. Vous êtes sûrement familier avec l'idée que le tout est plus fort que la somme de ses parties, mais elle fonctionne particulièrement bien quand vous combinez deux choses qui n'ont pas de lien ensemble. N'ayez pas peur de jumeler de force des mots, des images, des concepts ou des objets et voyez ce que ça donne. On utilise souvent des outils présentés dans cette section, comme la technique rapide et brouillon (page 133) ou la règle de 1 ou 100 (page 139) pour générer plein de paires qui ne sont pas liées et tenter de trouver un match gagnant. Un frigo plus un passeport, ça donne un frigo à bière activé par un passeport. WestJet plus Las Vegas, ça donne un jeu de roulette géant dans le désert sur lequel on peut jouer à partir d'un avion. Et ainsi de suite.

Le deuxième outil, on aime l'appeler «soyez la balle». C'est peut-être le chemin le plus simple vers la clarté créative, et c'est particulièrement utile dans les projets de design. C'est la clé pour faire surgir des idées du type «Wow, c'est tellement évident, pourquoi je n'ai pas pensé à ça avant?» Être la balle, ça veut dire utiliser le sujet ou le thème de votre projet comme langage visuel. Pour un de nos clients possédant une boucherie, on a fait des cartes professionnelles qui ressemblent à du salami et qui sont suspendues dans un filet en ficelles comme des charcuteries. Pour que les gens arrêtent de conduire après avoir bu, on a fabriqué des sous-verre faits de métal provenant de voitures accidentées. Vous comprenez l'idée.

Au fil de ce livre, vous trouverez un paquet d'exemples qui expriment le pouvoir de ces deux formules simples – une preuve irréfutable que parfois, les meilleures idées sont les plus simples.

1 + 1 = 3

① **LA TÊTE QUI EXPLOSE DE RETHINK**

Lorsqu'on a fondé Rethink, on voulait s'affirmer haut et fort. Ce logo avait pour but de montrer qu'on était prêt à exploser de créativité sans recourir aux clichés.

② **LES CONFÉRENCES *WALRUS TALKS***

Le magazine *The Walrus* organise une série de conférences incitant à la réflexion et les présente partout au pays. Notre logo pour l'événement représente à la fois l'esprit du dialogue et celui du morse (walrus en anglais).

1 + 1 = 3

① **KOZMIC SOUND**

Wayne Kozak était le propriétaire du studio de son «Koz». Pour que la marque se démarque dans une foule, on a combiné deux symboles universels représentant un haut-parleur et les ovnis.

② **WILDFLOWER**

Wildflower est une marque de cannabis qui met l'accent sur le bien-être. Ce simple logo combine une feuille de cannabis et la croix symbolisant de façon universelle les pharmacies.

③ **KING KONG**

Les Rethinkers adorent le ping-pong. Pour faire la promotion de notre tournoi d'employés, on crée un nouveau logo chaque année. Celui-ci nécessite très peu d'explications.

1 + 1 = 3

① **LA LOI ROWAN**

Cette initiative du gouvernement de l'Ontario mettait en garde contre les effets à long terme des commotions cérébrales en combinant un panneau d'arrêt et un cerveau.

② **HUDSON ELECTRIC**

La beauté de certaines idées réside dans le nombre de fois où il est possible de faire l'équation 1 + 1. Cette identité pour une compagnie d'entrepreneurs en électricité en est la preuve.

③ **KING KOIN**

Qu'est-ce qui se passe lorsque l'on se met à brasser des idées concernant une couronne, quelques pièces de monnaie et un chandail? Quelque chose comme cette identité audacieuse pour une buanderie de Vancouver.

②

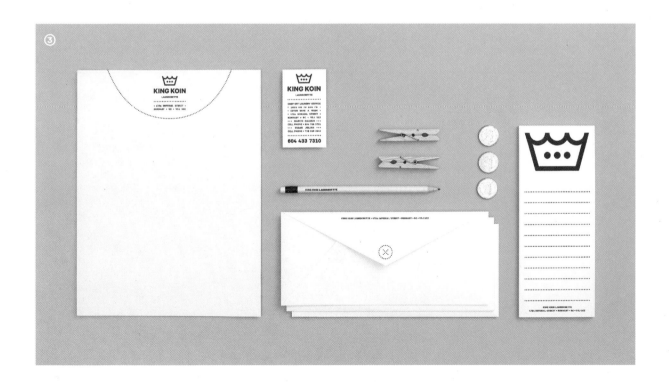

③

1 + 1 = 3

① **LA SAINT-PATRICK DE RICKARD'S**

La Rickard's a été la première bière de microbrasserie au Canada. Pour l'aider à se démarquer dans les bars à la Saint-Patrick, on a créé ce logo bien simple qui peut s'adapter à n'importe quel article promotionnel.

② **LA PRESSE CANADIENNE**

Ça nous a pris plusieurs revues par les pairs pour en arriver au logo le plus efficace. Les guillemets devaient être placés exactement à la bonne hauteur pour que le concept soit 100 % clair.

③ **T-SHIRT PRINTING**

Une compagnie avec un nom aussi simple et direct que T-shirt Printing a besoin d'un logo qui l'est tout autant. On a créé une variété de logos imitant des designs de t-shirts classiques.

④ **BUMPER TO BUMPER**

Cette chaîne de détaillant de pièces automobiles détient un inventaire remarquable – d'où son nom. On a créé un logo avec deux pare-chocs stylisés pour former un B qui encadre leur gamme de produits.

①

②

③

④

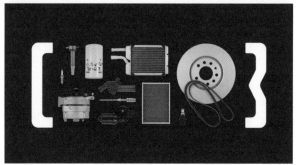

1 + 1 = 3

① LE PORTE-VOIX PLAYLAND

Un autre exemple d'un concept visuellement axé 1 + 1 pour Playland. Cette campagne présentait des silhouettes combinées à des adolescents tenant un porte-voix et un tuyau d'arrosage.

② LA TOILETTE DANS LES MONTAGNES RUSSES DE PLAYLAND

Il est parfois possible de transmettre un message sans dire un seul mot. C'est le cas dans cette affiche mettant en vedette la célèbre montagne russe en bois de Playland.

③ LES TOUTOUS PLAYLAND

Les adolescents adorent les blagues de vomi; nos clients, pas vraiment. Ces toutous installés dans les arcades du parc d'attractions Playland ont réussi à faire rire sans choquer.

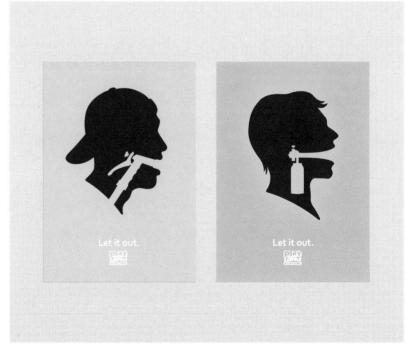

1+1=3

① LE RABAIS THERMIQUE
DE SPORTS EXPERTS

On a placé cet écran interactif
au sommet des marches d'une
station de métro de Montréal.
Une caméra spéciale évaluait
le niveau de chaleur corporelle
des personnes ayant utilisé les
escaliers pour leur distribuer
des rabais correspondant
au pourcentage de leur
chaleur corporelle.

② UBER SAFE

Prenez une application de
covoiturage, ajoutez un
Alcootest et vous obtenez une
façon vraiment créative de faire la
promotion d'un retour sécuritaire
à la maison. On a créé ces
kiosques et on les a placés devant
des bars achalandés. Les gens
n'avaient qu'à souffler dans une
paille, et s'ils dépassaient la limite
permise, le kiosque commandait
automatiquement et gratuitement
un Uber. Le kiosque a vu le jour
à Toronto, mais a rapidement fait
son apparition dans d'autres villes
partout sur la planète.

③ LES ÉTIQUETTES DU
RÉSEAU CANADIEN DU
COMMERCE ÉQUITABLE

On a combiné de vraies histoires
d'ouvriers exploités dans des
usines de textiles clandestines
et des étiquettes de vêtements.
Résultat : une puissante critique
de l'industrie de la mode rapide.

③

100% COTTON MADE IN BANGLADESH BY JOYA, WHO LEFT SCHOOL AT THE AGE OF TWELVE TO HELP SUPPORT HER TWO BROTHERS AND NEWLY-WIDOWED MOTHER. HER FATHER WAS KILLED WHEN A FIRE RIPPED THROUGH THE COTTON FACTORY WHERE HE WORKED. SHE NOW WORKS IN THE BUILDING ACROSS THE STREET FROM THE BURNED DOWN FACTORY. A CONSTANT REMINDER OF THE RISK SHE TAKES EVERYDAY.

THE LABEL DOESN'T TELL THE WHOLE STORY.

100% COTTON MADE IN SIERRA LEONE BY TEJAN. THE FIRST FEW TIMES HE COUGHED UP BLOOD HE HID IT FROM HIS FAMILY. THEY COULDN'T AFFORD MEDICAL TREATMENT AND HE COULDN'T RISK LOSING HIS LONG-TIME JOB AT THE COTTON PLANTATION. WHEN HE FELL INTO A SEIZURE ONE DAY IT COULD NO LONGER BE IGNORED. THE DIAGNOSIS WAS PESTICIDE POISONING. THE LACK OF PROPER PROTECTIVE CLOTHING HAS LEFT HIM WITH LEUKEMIA AT THE AGE OF 34. HE HAS TWO DAUGHTERS. ONE OF THEM STARTS WORK AT THE FACTORY NEXT YEAR.

THE LABEL DOESN'T TELL THE WHOLE STORY.

100% COTTON MADE IN CAMBODIA BY BEHNLY. NINE YEARS OLD, HE GETS UP AT 5 AM EVERY MORNING TO MAKE HIS WAY TO THE GARMENT FACTORY WHERE HE WORKS. IT WILL BE DARK WHEN HE ARRIVES AND DARK WHEN HE LEAVES. HE DRESSES LIGHTLY BECAUSE THE TEMPERATURE OF THE ROOM HE WORKS IN REACHES 30 DEGREES. THE DUST IN THE ROOM FILLS HIS NOSE AND MOUTH. HE WILL MAKE LESS THAN A DOLLAR, FOR A DAY SPENT SLOWLY SUFFOCATING. A MASK WOULD COST THE COMPANY TEN CENTS.

THE LABEL DOESN'T TELL THE WHOLE STORY.

Soyez la balle

① **CARTE POUR UNE COLORISTE**

Alissa fait de la colorisation de
films. Comme son métier consiste
essentiellement à travailler la
couleur, on lui a imprimé des
cartes sur un papier iridescent
qui reflète la lumière.

② **CARTE EN PAPIER SABLÉ**

Rien ne pourrait être plus simple
que cette carte en papier sablé
à la typographie parfaitement
agencée. La preuve qu'une
solution économique peut
aussi être novatrice.

③ **LA POINÇONNEUSE RETHINK**

On a commandé une poinçonneuse
pour que les Rethinkers puissent
faire la promotion de l'agence tout
en recyclant les cartes d'affaires
qui traînaient dans le fond de
leurs tiroirs.

④ **LA CARTE-OUTIL**

Cette carte pour une boutique
de réparation de vélo a été
faite d'aluminium rigide. En lui
ajoutant des trous spéciaux, on
l'a transformée en outil pratique
pour serrer des vis et des rayons
de roues sur la route.

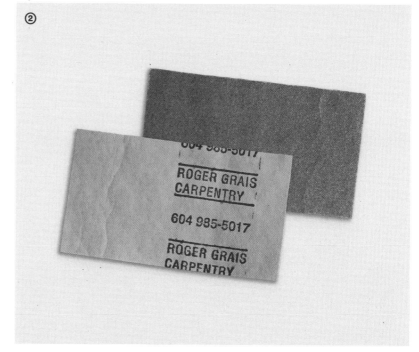

③

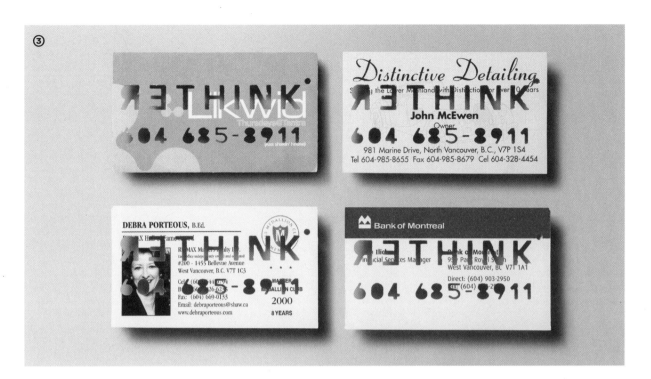

RETHINK

Thursdays@Tonic

604 685-8911
(ask shaun' house)

Distinctive Detailing
Serving the Lower Mainland with Distinction for over 10 years

RETHINK

John McEwen
Owner

604 685-8911

981 Marine Drive, North Vancouver, B.C., V7P 1S4
Tel 604-985-8655 Fax 604-985-8679 Cel 604-328-4454

DEBRA PORTEOUS, B.Ed.
RE/MAX Hall of Fame Award

RETHINK

RE/MAX Masters Realty Ltd.
Each office independently owned and operated
#200 - 1455 Bellevue Avenue
West Vancouver, B.C. V7T 1C3

Cel: (604) 341-0174
Bus: (604) 926-6223
Fax: (604) 669-0153
Email: debraporteous@shaw.ca
www.debraporteous.com

604 685-8911

MASTER
MEDALLION CLUB

2000
8 YEARS

Bank of Montreal

RETHINK

Ilid
financial Services Manager

Bank of Montreal
950 Park Royal South
West Vancouver, BC V7T 1A1

Direct: (604) 903-2950
Fax (604) 903-8911

604 685-8911

④

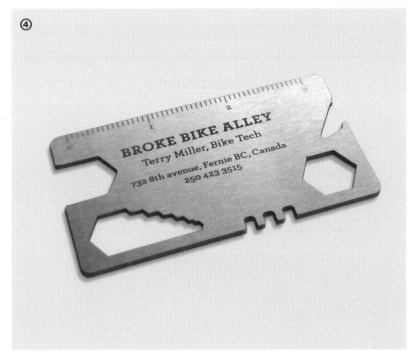

BROKE BIKE ALLEY
Terry Miller, Bike Tech
732 8th avenue, Fernie BC, Canada
250 423 3515

Soyez la balle

① **CARTE POUR DE L'AIDE EN CRÉDIT**

Parfois, la moitié d'une carte peut raconter toute l'histoire. Comme quand on a imprimé des cartes professionnelles imitant des cartes de crédit découpées, et qu'on les a même dotées d'une puce.

② **CARTE POUR UNE MONTEUSE**

La définition de la tâche d'un monteur vidéo est simple : découper des séquences et les réorganiser. C'est exactement ce qu'on a fait avec les informations de Megan O'Connor.

③ **CARTES SÉRIGRAPHIÉES**

Pour faire la promotion du programme de sérigraphie d'un centre communautaire d'art, on a créé des cartes sérigraphiées, chacune d'elle mettant en vedette un artiste différent grâce à un motif unique.

④ **CARTE DE SURVIE MANGEABLE**

Qui a dit que carte professionnelle et humour noir ne pouvaient pas aller ensemble ? Cette compagnie spécialisée en équipement de survie pour aventuriers a fait ses cartes en bœuf séché.

③

④

Soyez la balle

①

① PASSE LA LOI

Leaf Forward, un accélérateur d'entreprises dans le domaine du cannabis, a célébré l'adoption du projet de loi C-45 (légalisant le cannabis) en imprimant, avec de l'encre comestible, les 152 pages du projet sur du papier à rouler.

② LE MARATHON MOBILE

Sports Experts a voulu célébrer la persévérance des marathoniens de Montréal en créant le premier site Web de 42,2 km de long. Ceux qui faisaient défiler le site en entier couraient la chance de gagner des prix.

③ L'IDENTITÉ DES CONFÉRENCES DESIGNTHINKERS

Depuis plusieurs années, on voit toutes sortes de concepts de design basés sur les globes oculaires. On savait qu'il fallait trouver une façon innovante pour la refonte de l'identité visuelle de cette série de conférences canadiennes en design. On a donc créé une centaine de versions d'un œil avec une « pupille » différente pour chacune d'entre elles. Des dizaines de ces exécutions ont été imprimées sur le programme de la conférence, puis tous les participants recevaient leur œil personnalisé. Ils pouvaient aussi utiliser une application pour créer et partager leur propre design d'œil sous forme de GIF.

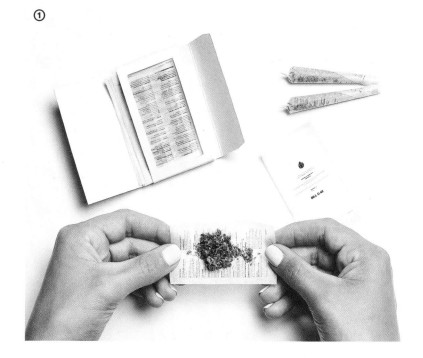

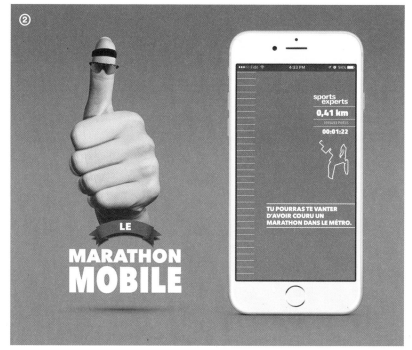

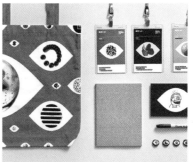

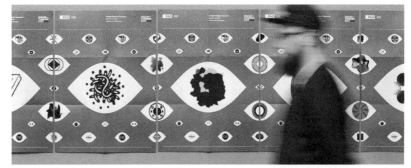
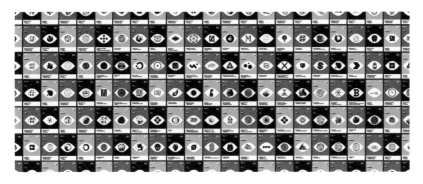

Soyez la balle

① LES DERNIÈRES PAILLES D'A&W

A&W a été la première chaîne de restaurants en Amérique du Nord à bannir les pailles de plastique. Avec celles qui leur restaient, on a créé cette installation artistique pour célébrer le changement.

② LE CAFÉ INTERNET DE SHAW

Shaw, le plus grand fournisseur d'accès Internet de l'Ouest canadien, a prouvé qu'il comprenait bien la culture du Web en ouvrant un café rempli de pâtisseries à l'effigie d'emojis ou de mèmes Internet célèbres.

③ L'AFFICHE COLLANTE D'ORKIN

Cette affiche publicitaire d'Orkin a l'air complètement vide au premier regard, mais lorsque les insectes se prennent dans le collant en forme du logo, l'affiche prend tout son sens.

④ LES SOUS-VERRE ACCIDENTÉS

Le meilleur moyen de stopper l'alcool au volant? Sensibiliser les conducteurs quand ils sont encore au bar. C'est pourquoi on a fait ces sous-verre avec du métal provenant d'autos accidentées dans des cas d'alcool au volant. Assez efficace, merci.

29

La technique rapide et brouillon

Quand vous générez des idées, ne vous souciez pas de leur finition : mettez-les simplement sur papier.

On a aidé Molson à amener le hockey à un autre niveau en installant une patinoire sur le toit d'un gratte-ciel.

←

Quand vous avez une nouvelle idée, ça peut être extrêmement tentant de brûler des étapes et d'imaginer son exécution finale. C'est compréhensible, vraiment. Tout le monde a le goût de voir ses idées prendre vie. On aperçoit une lueur de potentiel et on a envie de verser du gaz sur le feu.

Les logiciels avancés ont rendu presque trop facile la possibilité de prendre un germe d'idée et de le présenter comme si c'était un concept fini, mais on croit fermement en l'efficacité d'un crayon et d'un papier. Ici, on a une règle pour les designers et les directeurs artistiques qui aiment passer un peu trop vite à l'exécution : aucun ordinateur n'est permis à l'étape de la conceptualisation. Écrire dans un cahier, ça prend zéro compétence en informatique et ça vous rend même plus brillant[15].

Peu importe ce que vous créez, plutôt que de courir vers l'ordinateur pour ouvrir Photoshop, résistez à la tentation de creuser l'idée, notez-la dans sa forme la plus simple et continuez (voir *Keep Going*, page 173). Le même principe s'applique à tout problème créatif. Plutôt que d'écrire un script, rédigez 10 petits paragraphes listant les différents angles que ce script pourrait prendre. Plutôt que de travailler un logo sur Illustrator, remplissez un cahier de croquis.

Et surtout, ne vous censurez pas. Sortez autant d'idées que vous pouvez en cinq minutes. Laissez vos mains bouger librement sur la page. Transcrivez le fil de vos pensées, les «euh» et les «oups» et tout ça. N'écartez pas une pensée juste parce qu'elle vous semble bizarre. Mettez-la sur papier et affichez-la au mur. Vous pourrez toujours l'enlever plus tard.

Aucun polissage dans l'exécution ne peut sauver la peau d'une idée faible. Chaque minute passée à approfondir votre première idée est une minute qui aurait pu être utilisée à trouver de meilleures idées. Inversement, une idée de génie sera toujours géniale, qu'elle soit gribouillée sur un Post-it ou crayonnée dans la marge d'un cahier à dessins.

Quand vous montrez à vos employés à rester plus longtemps en mode rapide et brouillon, vous leur donnez la permission de découvrir des territoires qu'ils auraient normalement mis de côté. Vous libérez leur esprit pour qu'ils puissent explorer des idées plus fraîches, plus nouvelles, plus étranges. Vous leur enseignez la valeur de ne pas être trop délicat. Et vous leur épargnez d'innombrables heures perdues à bouger des pixels sur un écran d'ordinateur.

La technique rapide et brouillon

① LA ROULETTE WESTJET DANS LE DÉSERT

Une idée très simple, mais difficile à exécuter. Cette immense installation placée dans le désert permettait aux passagers d'un vol vers Las Vegas de gagner des prix. Elle a battu deux records mondiaux pour son ampleur et sa luminosité.

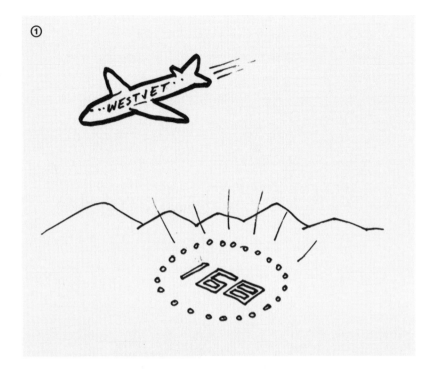

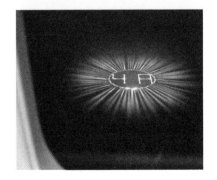

La technique rapide et brouillon

① **LES DISTRIBUTEURS AUTOMATIQUES GRATUITS DE COAST CAPITAL**

Le plus amusant ici a été de trouver des choses à donner aux passants. On a rempli le distributeur automatique de tout, allant de brosses à cheveux usagées aux poupées brisées… et on a quand même tout «vendu».

② **LE PANNEAU EN OR DE SCIENCE WORLD**

Le croquis original de ce panneau publicitaire recouvert d'or véritable ne contenait pas encore l'élément clé qui allait attirer l'attention des médias: un garde de sécurité payé pour le surveiller 24 heures sur 24.

③ **LES MINI-ENTREPÔTS CAREX**

Garder le concept simple nous donne le temps d'explorer plus d'idées visuelles une fois que la publicité a été approuvée. On a considéré des dizaines d'illustrations avant de frapper dans le mille.

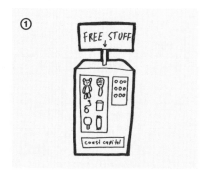

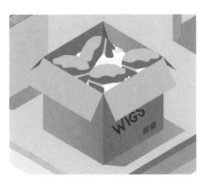

La technique rapide et brouillon

① **LES SERRE-LIVRES DES LIONS DE LA COLOMBIE-BRITANNIQUE**

Le croquis original ne pouvait pas être plus simple. C'est l'attention obsessive portée au produit final qui a donné le ton à l'exécution, comme la création de figurines en céramique personnalisées.

② **LES VICTOIRES DES LIONS, ÇA FAIT PEUR**

La technique rapide et brouillon peut aider à communiquer des émotions complexes et à montrer différent types de personnalités. Cette série montre des fans d'équipes rivales réagissant à une autre victoire des Lions.

①

②

BUY SEASON TICKETS

30

La règle
de 1 ou 100

Votre meilleure idée pourrait être votre première ou votre centième. Mais vous n'en aurez pas la certitude tant que vous ne serez pas rendu à la centième.

La résolution de problèmes créatifs n'est pas un processus mystique et intangible, et pas besoin d'être un génie pour la pratiquer. Le secret : énormément d'essais et d'erreurs. Tous ceux qui ont déjà travaillé chez Rethink vous diront qu'on atteint la qualité grâce à la quantité.

La règle de 1 ou 100 force les équipes à penser au-delà des lieux communs. Peu importe le problème créatif qu'on essaie de régler, on couvre des murs entiers avec des notes sur des Post-it et on remplit des cahiers d'une couverture à l'autre (voir La technique rapide et brouillon, page 133). On s'est rendu compte que la pensée la plus originale commençait souvent à émerger juste quand on croyait avoir épuisé nos options.

C'est important de prendre la règle au sérieux dès le début du processus, juste après le brief initial. C'est la période de gestation critique où les idées viennent librement et facilement (voir La technique rapide et brouillon, page 133). Capturez chacune de ces idées, même si vous croyez qu'elles sont mauvaises. Cette phase vous permet de mettre les premières pensées évidentes et les idées dépassées de côté, et vous pousse dans des territoires créatifs vraiment fertiles. Il y a de bonnes chances que si vous y avez pensé dans les 20 premières minutes, quelqu'un d'autre y ait déjà pensé. Vous pourrez être certain d'avoir choisi le meilleur chemin quand vous aurez fouillé chaque coin et recoin.

Et même à ce moment-là, le travail ne fait que commencer. Comme les buts changent souvent, générer un plus grand volume d'idées plus tôt vous met en bonne posture pour obtenir du succès si le problème évolue. Vous aurez alors fait un premier défrichage d'idées que vous pourrez adapter au besoin. Vous connaîtrez le problème sous toutes ses facettes, ce qui vous permettra de continuer à trouver des solutions même si la donne a changé.

Chaque problème créatif est unique et mérite sa propre solution. Une solution sur mesure nécessite une exploration robuste et rigoureuse. Une fois que vous aurez pondu au moins 100 idées, vous devriez voir clairement lesquelles s'élèvent au-dessus des autres. Mais si ce n'est pas le cas, il y a toujours le prochain chapitre de ce livre.

Pour générer les concepts de la page couverture de ce livre, on a mis la règle de 1 ou 100 à l'épreuve.
→

La revue par les pairs

31

Juger son propre travail, c'est difficile. Faites confiance à vos pairs pour vous dire la vérité sans mettre de gants blancs.

La créativité est quelque chose de subjectif, on le sait et ça fait peur quand on s'apprête à faire une présentation à un client. Il y a plusieurs variables en jeu et plusieurs façons potentielles de mal interpréter quelque chose. Avant de partager du travail créatif avec des clients, on aime bien obtenir la validation de nos pairs qui nous assure que notre travail est vraiment bon. Essentiellement, la revue par les pairs est un système de sondage informel, ou encore une réunion en personne avec des collègues représentatifs de notre public cible. Chaque compagnie emploie une grande diversité de personnes, tout comme le public en général. Ce groupe interne peut être utilisé pour tester des idées avant de les partager avec les clients. Ce n'est pas de la science, mais c'est une excellente façon de repérer des problèmes pendant que le niveau de risques est au plus bas.

Voici comment ça fonctionne : vous sélectionnez un groupe de collègues, leur montrez un échantillonnage de vos idées préférées à l'état d'ébauche et demandez leur avis. Généralement, on cherche trois profils de répondants : quelqu'un qui pense comme la cible, quelqu'un qui pense comme un juge de concours publicitaire et quelqu'un qui pense comme votre mère – en d'autres mots, une vraie personne qui n'est pas désabusée. Parfois, on fixe des croquis rudimentaires à un tableau portatif en liège et on fait le tour du bureau avec. D'autres fois, on crée un sondage en ligne hyper simple et on l'envoie à tous les Rethinkers du pays. (Et souvent, on est même sortis du bureau pour questionner des étrangers dans la rue.) Les questions qu'on pose varient d'un projet à l'autre, mais voici certaines de nos préférées :

- «Lequel de ces trois scripts préférez-vous?»
- «Lequel est le plus clair?»
- «Lequel est le plus drôle?»
- «Est-ce que ce titre a du sens pour vous?»
- «Sur lequel cliqueriez-vous?»
- «À quoi ce logo vous fait-il penser?»

Gardez le compte des réponses au fur et à mesure et si possible, enregistrez les réactions verbales. C'est généralement pertinent de savoir si un commentaire est venu d'une personne du département de la création ou de la comptabilité. Une fois que les chiffres sont cumulés, c'est l'heure d'interpréter les résultats. Il est important de garder en tête que jamais l'opinion d'une seule personne ne peut tuer une idée. Tout comme pour les résultats de notre *Culture Check* (voir Bon marché et bon enfant, page 187), notre règle de base, c'est que si une seule personne soulève un point, vous pouvez l'ignorer; mais si deux personnes disent la même chose, vous devez la prendre en considération, et si trois personnes la mentionnent, il vous faut alors agir en conséquence. Si une idée gagne par une forte majorité, faites-en votre recommandation et pensez à la présenter en premier. Si une idée ne reçoit aucun vote, faites-la disparaître. Et si rien n'a vraiment eu d'effet dans le cœur de votre public... il faut continuer à creuser (voir *Keep Going*, page 173).

Vous pouvez apprendre toutes sortes de choses utiles même d'une revue par les pairs très rapide. Ça peut vous montrer si votre idée est drôle, douteuse, si elle manque de sensibilité ou si elle sonne faux. Et surtout, si elle satisfait les critères S.A.C.R.É.S. (page 149). Votre idée est-elle sensée, authentique, claire, rafraîchissante, exécutable et sociale?

Entrer dans une présentation avec le résultat d'une revue par les pairs dans votre poche arrière vous rendra confiant et prêt à défendre vos meilleures idées. Cette vérification préalable mettra également le client à l'aise et l'aidera à résister au désir de soumettre les idées à un groupe de discussion. Le groupe de discussion est parfois un mal nécessaire, mais en général, c'est là où les grandes idées créatives sont tuées – c'est déjà beau que votre idée ait survécu à la revue par les pairs! Voyez la revue par les pairs comme une forme plus rapide, moins coûteuse et beaucoup moins pénible de recherche que vous pouvez mieux contrôler.

Ce processus constitue notre meilleure défense contre des commentaires inattendus, et une bonne référence quand les opinions divergent. Au fil des années, la revue par les pairs nous a permis de gagner bien plus de batailles que toutes les prises de bec en réunion. Quand un client croit au processus, il croit en nous.

La revue par les pairs ne fait pas que renforcer votre produit – elle aide aussi vos gens à se perfectionner. C'est une bonne leçon d'humilité et d'ouverture au changement et à l'amélioration. Ça fait comprendre aux créatifs têtus qu'ils ont parfois tort et ça les empêche d'être trop attachés à leurs idées. Ça fait aussi en sorte que tous ceux qui participent ont l'impression d'avoir contribué à un projet ou aidé à rendre une idée plus solide. Et plus votre équipe fera de revues par les pairs, plus elle développera cette habileté instinctive à reconnaître une idée extraordinaire dès qu'elle en voit une.

La théorie de la balle de ping-pong

Les gens n'arrivent à digérer qu'un seul message à la fois. Ne surchargez pas votre public.

La théorie de la balle de ping-pong est l'un de nos outils les plus vieux et les plus simples, mais il a la même pertinence aujourd'hui qu'il y a 20 ans.

Si je vous lance une balle de ping-pong, vous allez l'attraper. Mais si je vous lance cinq balles en même temps, vous n'en attraperez probablement aucune. C'est la même chose en communication. Si vous me faites entendre un message, je vais le comprendre. Mais si vous me bombardez de multiples messages, il y a de bonnes chances que votre baratin entre par une oreille et ressorte aussitôt par l'autre.

Ça vous paraît peut-être élémentaire, mais les publicitaires ont mitraillé leurs publics avec beaucoup trop de balles de ping-pong depuis l'époque Mad Men. Quand on écrit nos briefs de création, on demande habituellement à nos clients : « Que voulez-vous communiquer en une seule phrase simple ? » Bien souvent, la phrase qu'ils nous donnent ressemble plus à une liste d'épicerie : « Mon produit est le plus sécuritaire et le plus efficace et il vous donnera la paix d'esprit et il est en rabais en ce moment ! »

Il y a une solution pour contrer ce phénomène : disposez vos balles de ping-pong sur une ligne. Engagez-vous à ne dire qu'une seule chose à la fois, puis diffusez de multiples pièces de contenu à votre public dans l'ordre déterminé.

Grâce aux algorithmes d'ordonnancement, c'est maintenant plus facile que jamais de fractionner ses messages en petits morceaux faciles à digérer. Les gens qui « attrapent » votre balle de ping-pong (en cliquant dessus ou en passant du temps à visionner votre contenu) se font ensuite servir la prochaine balle de ping-pong de la séquence. En premier, vous pourriez lancer à quelqu'un un message de marque plus global visant à susciter l'émotion. S'il attrape cette balle, vous pourriez ensuite lui lancer une caractéristique unique du produit ou un de ses avantages. S'il l'attrape également, il ne fait plus de doute qu'il est intéressé et vous pouvez donc lui lancer une offre.

Vous verrez que ce concept fonctionne dans toutes les industries créatives. Pensez à vos messages clés, mettez-les en ordre de priorité et livrez-les au monde en une séquence cohérente et puissante. Dans un monde plus occupé et plus bruyant que jamais, la simplicité et la clarté sont primordiales pour réussir à briller parmi le fouillis. La capacité de concentration des gens diminue sans cesse et les vidéos sont de plus en plus courtes. Vous n'avez vraiment le temps de dire qu'une seule chose avant que votre spectateur passe au prochain divertissement. Mais si vous lancez cette balle de ping-pong avec doigté et avec la bonne touche de créativité, vous pouvez encore faire en sorte que les gens retiennent votre message.

S.A.C.R.É.S.

Comment juger une idée créative? Utilisez cette liste de vérification toute simple.

Le pire commentaire qu'on peut recevoir en montrant une idée à un collègue, c'est quelque chose comme «j'aime pas ça» ou «ça ne me parle pas». La rétroaction vague ou subjective est incroyablement frustrante puisqu'elle ne permet pas d'apprendre. Et si les commentaires sont décousus, les équipes ne savent pas comment corriger le tir parce qu'elles ont l'impression que la cible bouge sans cesse. Se doter d'une seule liste de vérification rend tout ça moins subjectif et plus productif.

Quand on donne de la rétroaction à l'interne, chaque fois que c'est possible, on tente de la ramener à des commentaires S.A.C.R.É.S. C'est une bonne manière d'obtenir de la rétroaction interne rapide sur ses idées avant de les présenter aux clients.

- L'idée est-elle **sensée** aux yeux du public?
- Est-elle **authentique** et dépourvue de tout enjeu légal possible?
- Est-elle **claire**?
- Est-elle **rafraîchissante** et unique?

- Est-elle **exécutable** avec le temps et le budget alloués?
- A-t-elle une portée **sociale** et du potentiel sur les médias sociaux?

Quand les créatifs connaissent les critères sur lesquels ils seront évalués, ils deviennent meilleurs pour s'autocorriger. Ils peuvent être plus précis dans leurs commentaires. Par exemple : « J'aime la clarté de cette idée, mais j'ai l'impression d'avoir déjà vu quelque chose qui ressemblait à ça avant. »

Ce qu'il faut aussi savoir, c'est que la lettre la plus importante de cet acronyme est le « C ». Ça ne change pas grand-chose qu'une idée soit authentique et rafraîchissante si elle manque de clarté. Après tout, on est dans l'industrie de la communication, pas dans l'industrie des affaires-cool-pour-le-fun.

Les idées qui répondent à ces prérequis sont présentées aux clients. C'est important qu'eux aussi soient mis au courant des critères S.A.C.R.É.S. Comme ça, ils savent qu'on ne se fie pas simplement à notre intuition. Ça les réconforte de savoir qu'il y a une méthode derrière notre apparente folie. Une science derrière notre art. En leur rappelant assez souvent ce que signifie S.A.C.R.É.S., nos clients apprennent peu à peu à juger les idées en utilisant les mêmes critères que nous.

☑ **SENSÉE**
Est-ce que votre audience va s'identifier à l'idée?

☑ **AUTHENTIQUE**
L'idée est-elle basée sur des faits, des données,
pouvez-vous la défendre?

☑ **CLAIRE**
Est-ce qu'elle est simple et claire?

☑ **RAFRAÎCHISSANTE**
Est-ce que l'idée est unique et originale?

☑ **EXÉCUTABLE**
Est-ce qu'elle peut être produite en respectant
les délais et le budget?

☑ **SOCIALE**
Est-ce que les gens vont en parler à leurs amis?

34 Les ACTS

Faites vivre vos idées dans le monde réel.

À une époque où les gens passent de moins en moins de temps devant la télé traditionnelle, le règne des publicités de 30 secondes tire (heureusement) à sa fin. Mais une grande question demeure dans l'industrie de la communication : Qu'est-ce qui va remplacer le vieux modèle ? Comment joindre des gens dispersés sur différentes plateformes de téléchargement et médias sociaux ? Une nouvelle possibilité rafraîchissante : le monde réel.

Après notre campagne du frigo à bière qui est devenue célèbre dans le monde entier (on en reparlera plus loin), l'acronyme ACTS a été inventé par Peter Nowlan, directeur général du marketing chez Molson. Son but : décrire ce genre de marketing expérientiel qui peut créer un buzz d'ampleur mondial :

- Authentique
- Crédible
- Tangible
- Social

On a appris la valeur des ACTS pendant nos premières années avec Rethink. Un de nos clients vendait une pellicule 3M qui, une fois appliquée à une fenêtre, la rendait pratiquement à l'épreuve des balles (et des voleurs). On a décidé de créer une démonstration dans la vraie vie. On a pris d'assaut l'affichage rétroéclairé d'un abribus, on a retiré les ampoules et on a recouvert les deux panneaux vitrés avec la pellicule 3M. Entre les deux panneaux transparents, on a mis l'équivalent d'un demi-million de dollars en faux billets de banque.

Ensuite, on a attendu et on a observé. Beaucoup de personnes ont tenté de briser la vitre, sans succès. On a pris quelques photos de ces tentatives d'effraction et on les a envoyées à nos contacts médias en les invitant à passer à l'abribus pour tenter leur chance. On a atteint plus d'un million de dollars en couverture médiatique organique, un résultat formidable à une ère qui précédait les vidéos virales.

Au fil des années, on a créé des dizaines d'expériences pour nos clients – et on a élargi notre vision pour y inclure le design. Une fois, on a couvert la devanture extérieure du Contemporary Art Gallery à Vancouver avec des milliers de macarons, chacun exprimant une facette différente de l'art contemporain – soit la confusion, l'outrage, la motivation, etc. On a ensuite invité les gens à porter les macarons et ainsi, à devenir des ambassadeurs de marque ambulants pour la galerie.

Plusieurs de nos expériences font appel aux nouvelles technologies qu'on développe en tandem avec des partenaires technologiques, et les idées sont souvent initiées lors de nos journées R+D (page 215). Pour Molson, on en était venus à la conclusion que c'est en voyage que les Canadiens sont les plus fiers de leur pays, arborant même parfois la feuille d'érable sur leur sac à dos ou leur valise. Alors, on a créé un frigo à bière rouge qu'on pouvait seulement ouvrir en y insérant un passeport canadien. On l'a mis en plein cœur de Londres, puis à d'autres endroits à travers l'Europe. Vous n'aviez qu'à scanner votre passeport pour obtenir un frigo rempli de Molson Canadian pour vous et vos nouveaux amis.

On a filmé l'aventure de ce frigo sur une période de plusieurs jours en utilisant de vraies personnes à 100 %. Cette vidéo est ensuite devenue la « pub » pour Molson. Elle a d'abord été envoyée aux médias, ce qui a fait en sorte que la plupart des buveurs de bière avaient vu les scènes avant que les médias payés ne les diffusent. Quand on a envoyé le frigo aux Olympiques d'hiver de Sotchi, on a provoqué une vraie ruée vers l'or avec des médias du monde entier.

Ces campagnes ont renforcé pour nous l'idée d'utiliser des expériences pour attirer l'attention des gens et, surtout, des médias. La partie sociale (comme dans médias « sociaux ») est la clé dans ce monde où le téléphone intelligent est partout. Les gens ont désormais le pouvoir de balayer les publicités d'un simple coup de pouce sur l'écran. Notre but avec les ACTS, c'est de créer du contenu tellement bon que ceux qui le visionnent voudront absolument le partager. Cette vision peut être appliquée à toute entreprise. Dans un monde de médias sociaux, l'expérience est reine.

Les ACTS

① **L'ABRIBUS 3M
À TOUTE ÉPREUVE**

C'est quand même un miracle
que la vitre n'ait pas brisé après
une dizaine d'essais. Une réussite,
grâce aux produits 3M... et aux
Rethinkers qui ont fait de longues
heures de tests.

② **LA CABANE DE PÊCHE
SUR GLACE DE PILSNER**

Pour le lancement de la Old-Style
Pilsner au Québec, on a créé
un bar en plein milieu d'un lac
gelé. Et on l'a complété avec
un frigo submergé dans l'eau
glacée : de quoi garder la bière
vraiment froide.

③ **LE FRIGO À BIÈRE
MOLSON CANADIAN**

On a travaillé avec de brillants
partenaires technologiques
pour construire les différentes
versions du frigo à bière de
Molson Canadian. Google nous
a aidés à créer celui qui invitait
les passants à dire «je suis
Canadien» dans au moins six
langues différentes pour pouvoir
l'ouvrir. Plus de 200 langues ont
été programmées, incluant des
dialectes autochtones. Et pour
souligner l'association de longue
date de la marque avec le hockey,
on a créé une version spécialement
renforcée du frigo où la porte
s'ouvrait seulement après un
lancer frappé.

Les ACTS

① **LES CHANGEMENTS CLIMATIQUES VUS PAR IKEA**

Les petites variations climatiques peuvent avoir de grandes répercussions. Pour le prouver, on a discrètement monté la température de quatre degrés dans un IKEA à Toronto, ce qui a su attirer l'attention des clients et des médias.

② **LE MUR DE MACARONS DE LA CAG**

En permettant aux visiteurs d'exprimer leurs émotions envers l'art sur leurs vêtements ou leur sac à dos, la Contemporary Art Gallery de Vancouver s'est transformée elle-même en installation artistique.

Les ACTS

① **DES PROPOS HAINEUX DÉVOILÉS PAR LA FONDATION ÉMERGENCE**

Pour la Journée internationale contre l'homophobie et la transphobie 2019 à Montréal, on a affiché dans la rue des publications homophobes qui se retrouvent sur Internet. La police est intervenue en moins de 20 minutes, alors que ces publications haineuses sont toujours présentes en ligne.

② **LA DURE RÉALITÉ DE NO TANKERS**

Depuis plusieurs années, l'organisme No Tankers essaie d'empêcher les pétroliers de sillonner les côtes de la Colombie-Britannique. À l'aide de la réalité virtuelle, on a montré aux touristes le port de Vancouver dévasté après un déversement de pétrole.

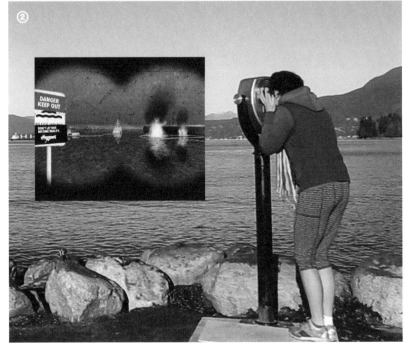

Le carré de sable

Évitez les pièges en partageant une exploration plus large et plus tôt dans le processus créatif.

C'est dans la nature humaine de se battre contre les nouvelles idées qui nous sont présentées, surtout si elles s'éloignent de ce qu'on connaît[16]. Ça peut être une barrière paralysante dans une industrie basée sur les idées comme la publicité – ou encore la technologie, l'ingénierie, l'architecture ou la comptabilité. Alors quand vous essayez de vendre des idées dans la vie, vous devez trouver une manière de créer de l'enthousiasme chez ceux qui les achètent. Notre façon à nous de le faire, c'est le carré de sable.

Il s'agit d'une métaphore qui va comme suit : imaginez que vous cherchez de l'or sur une plage. Vous pourriez choisir un endroit au hasard et dire : «on doit creuser ici, et nulle part ailleurs», puis vous mettre à creuser pour faire un trou qui se rendra en Chine. Ou vous pourriez creuser un peu ici, un peu là-bas, en passant le sable au tamis à la recherche de traces d'or. Quelle façon de faire aurait le plus de chances de fonctionner?

Évitez de perdre votre temps et votre énergie à creuser jusqu'à ce que vous tombiez sur une ou deux pépites d'or bien brillantes. Dans des mots de publicitaire, ce que tout ça veut dire, c'est de faire une exploration initiale vaste en testant des pistes variées avec des exécutions simples comme un panneau d'affichage, une signature ou un script. Pour un artiste, ça pourrait se traduire par faire plusieurs esquisses au crayon de plomb avant de mettre de la peinture sur une toile. À cette étape préliminaire, vous cherchez des preuves pour appuyer votre concept : juste assez de validation pour savoir que ça vaudrait la peine de creuser plus loin.

Sur n'importe quel projet, il se peut que votre équipe et vous creusiez des dizaines de trous peu profonds dans votre grand carré de sable. Vous pourrez ensuite réduire le nombre de pistes durant les heures de bureau (page 105) et soumettre vos favorites à la revue par les pairs (page 143) pour trouver les quelques pistes que vous présenterez au client.

Il ne faudrait pas oublier la partie la plus importante du carré de sable : laisser le client constater son ampleur au début du processus, dans sa forme brute. Ainsi, il sait que vous ne lui présentez pas seulement une grande idée sous une forme hyper polie. Ça détend les clients instantanément; le manque d'options, c'est le cauchemar secret de tout client.

Au lieu d'essayer de leur vendre de force une idée bien peaufinée, on les fait participer en les laissant choisir avec nous quel trou du carré de sable vaut la peine d'être approfondi (ou deux trous, peut-être). Les décideurs principaux ont alors le sentiment d'être sur le chantier avec nous, de contribuer au processus créatif. Et parce qu'ils ont déjà mis leur sceau d'approbation sur le projet, il y a beaucoup moins de chances qu'ils rejettent les idées durant l'exploration en profondeur (page 165). Une fois qu'on est tous dans le même trou, on y est ensemble.

Quand vous utilisez la méthode du carré de sable, vous en ressortez avec la conviction qu'il y a plusieurs options valables sur la table et que peu importe celle que les clients ont choisie, elle peut mener vers quelque chose de vraiment génial. Les clients, eux, seront excités d'avoir participé à une exploration d'une telle envergure et ils sauront qu'ils en ont eu pour leur argent. Et même si vous n'êtes pas encore parvenu à taper en plein dans le mille, la transparence du processus aura mis le client en confiance et il sera convaincu qu'il vous suffit de creuser un peu plus pour y arriver.

L'exploration en profondeur

Prenez les trous les plus prometteurs de votre carré de sable, et creusez-les.

Le processus du carré de sable (page 161), c'est un peu comme creuser des trous d'une profondeur de quinze centimètres dans le sable. Une fois que vous avez déterminé une ou deux zones prometteuses, c'est le temps de forer à 100 mètres de profondeur.

Idéalement, il y a un seul gagnant clair qui émerge du processus. Mais parfois, le client veut voir deux explorations en profondeur. Dans un cas comme dans l'autre, c'est important d'avoir une liste des livrables. L'exploration initiale n'a peut-être inclus qu'un script vidéo, un panneau d'affichage et une publication pour les médias sociaux, tout ça sous forme très fragmentaire. L'exploration en profondeur prend ces idées de base et les applique à tous les points de contact entre la marque et les gens. Ça concerne donc autant les nouveaux médias que les médias traditionnels. Mais ça va aussi bien plus loin que la publicité en incluant des choses comme les *stunts* expérientiels, le design en magasin, les uniformes, l'expérience client, les communications internes, les outils de formation du personnel et même des idées de produits.

C'est aussi l'étape permettant de développer la « colle » qu'est le design, celle qui permet à toutes ces choses de tenir ensemble. On met souvent en équipe des designers avec des directeurs artistiques et des rédacteurs pour explorer une grande variété d'expressions visuelles, tout en utilisant la revue par les pairs, pour développer un système de design incluant les couleurs, la police, le style visuel et la tonalité.

À ce point-ci, on s'adresse généralement à un nombre de personnes plus élevé du côté des clients, qui va au-delà de leur équipe de marketing. On parle aux employés qui travaillent dans les centres d'appels et dans les magasins. On s'informe sur les outils dont les RH ont besoin pour attirer et entraîner les talents. On réfléchit sur les produits et les idées promotionnelles avec les bonnes équipes du côté client. Certaines de ces idées sont parfois exécutées par une équipe créative interne du côté client, ce qui prouve qu'en les impliquant très tôt dans le processus, on obtient leur appui bien plus facilement.

Utiliser ce processus fait en sorte qu'on ne présente pas des grandes pièces de théâtre pour dévoiler la nouvelle plateforme de marque aux hauts dirigeants. Quand on arrive à l'exploration en profondeur, tout le monde est déjà convaincu de la vision puisque tous ont contribué à la bâtir depuis le début. Le résultat final, c'est une planification de marque parfaitement détaillée qui énergise chaque partie de l'organisation cliente.

Gérer les commentaires des clients

Donnez-leur ce qu'ils ont demandé, puis montrez-leur ce dont ils ont besoin.

Les commentaires sont inévitables. Peu importe le génie d'une idée, il est pratiquement impossible que les gens n'aient rien à en dire. Donner des commentaires, c'est la job du client, après tout. C'est la façon dont vous gérerez ces commentaires qui fait toute la différence.

On répète cette phrase toute simple comme un mantra : « Donnez-leur ce qu'ils ont demandé, puis montrez-leur ce dont ils ont besoin. » Ça résume notre philosophie face aux rétroactions des clients, et c'est la clé pour parvenir à mener de bons concepts jusqu'à la ligne d'arrivée.

Notre première règle d'or, c'est de ne jamais présenter à un client une idée qu'on n'aurait pas de plaisir à produire. Si vous offrez à un client une idée plate et rassurante, vous ne devriez pas être surpris qu'il la choisisse et vous devez être prêt à la produire. En ce qui concerne la réception des commentaires plus précis, on n'essaie presque jamais de se défendre sur toutes les choses qui sont dites lors d'une rencontre. Contester tous les points des clients vous donne l'air défensif et surprotecteur avec vos idées.

La bonne réponse à donner à pratiquement toute remarque venant d'un client, c'est : « Intéressant. On va se pencher là-dessus. » Elle montre au client que vous êtes ouverts à ses opinions. Vous aurez le temps de réfléchir à ses commentaires et vous verrez qu'ils méritent souvent d'être pris en considération.

La revue par les pairs (page 143) peut être utilisée pour mettre à l'épreuve les changements demandés et proposer quelque chose d'encore mieux. Ensuite, citez les commentaires obtenus de vos collègues pour convaincre les clients que votre option alternative est plus claire, plus originale ou plus facile à exécuter. « On s'est penchés sur votre idée, mais on a découvert que ça avait déjà été fait par un concurrent. Alors on s'est inspirés de votre idée pour créer ce tout nouveau concept et c'est du jamais vu. » (Rien ne pousse des clients à reconsidérer les choses plus rapidement qu'en leur apprenant que leur suggestion a déjà été faite par un concurrent, ou qu'elle risque d'entraîner des coûts qui vont au-delà de leur budget.)

L'idée, c'est simplement d'avoir de bonnes relations avec les clients. Même si vous êtes en désaccord avec les commentaires, faire l'effort d'effectuer les révisions montre un esprit d'ouverture et de collaboration, et apporter de nouvelles idées prouve que vous êtes prêt à en donner littéralement plus que le client en demande. Dans la grande majorité des cas, les clients sont contents qu'on ait testé ce qu'ils nous avaient demandé, mais ils sont partants pour aller vers la nouvelle direction améliorée.

Et s'ils ne le sont pas, eh bien vous pouvez vous en remettre au prochain chapitre.

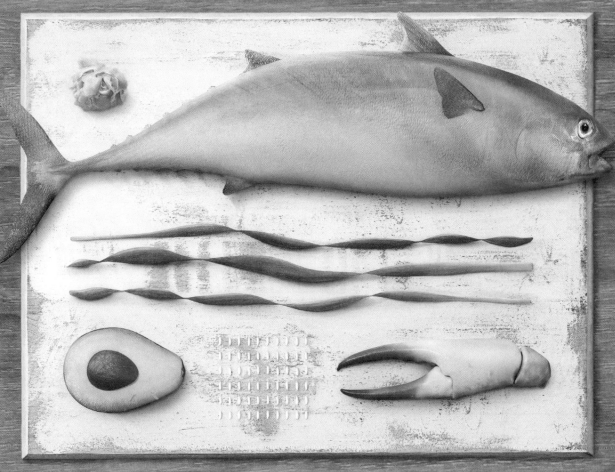

Ce qu'ils ont demandé.

Ce dont ils ont besoin.

Si l'idée est blessée, tuez-la

Quand rien d'autre ne fonctionne, il reste toujours l'option nucléaire.

«Donnez aux clients ce qu'ils ont demandé, puis montrez-leur ce dont ils ont besoin»: ce truc est presque infaillible pour vendre votre idée préférée (voir le chapitre précédent). Mais parfois, il s'avère clair que les commentaires du client vont complètement détruire votre concept – peu importe le temps que vous passez à l'expérimenter, à le modifier et à consulter vos pairs.

Peut-être que le client veut que vous combiniez deux idées qui ne fonctionnent pas ensemble (le concept «Frankenstein» qu'on redoute tous). Peut-être qu'il souhaite insérer beaucoup trop de messages dans une seule exécution. Ou peut-être que c'est une mort à petit feu – tellement de petits changements qu'à la fin, votre vision originale devient méconnaissable.

Si la rétroaction du client compromet l'idée fondamentale au-delà de sa survie, il est important de l'admettre et d'abréger les souffrances de votre pauvre concept. En d'autres mots: si l'idée est blessée, tuez-la. (Merci à Mike Hughes de l'agence Martin, qui nous a partagé cette phrase, *If it's wounded, kill it*, lors d'un séminaire créatif d'*Adweek*.)

Cette option nucléaire ne devrait être utilisée que très rarement, pour aider à préserver son impact. Avoir le courage de tuer une idée devant un client, c'est puissant – ça démontre sans aucune ambiguïté qu'on préférerait de loin recommencer depuis le début que de produire quelque chose qui ne fonctionnera pas. On a un autre dicton pour ces situations. «Si un client veut tuer une grande idée, il se doit d'acheter une autre grande idée.»

Peu importe à quel point vous y êtes attaché, ce ne sont que des idées. Et des idées, ça peut toujours être surpassé. Notre conseil pour les créatifs : allez chez vous et pleurez un bon coup (en accompagnant ça d'un grand verre de vin). Demain, remontez sur votre vélo et... *keep going*.

39 KG

L'art d'atteindre la qualité grâce à la quantité.

La créativité, c'est une question de chiffres. Plus vous produisez d'idées, meilleur sera le résultat final. C'est la philosophie qui est derrière notre règle de 1 ou 100 (page 139) et la raison pour laquelle on exprime nos idées initiales avec la technique rapide et brouillon (page 133). On croit vraiment qu'on peut continuer d'améliorer et de faire évoluer les idées jusqu'au jour où elles sont présentées. Tout ce qu'il suffit de faire, c'est de pousser plus loin. Vous nous pardonnerez cette bribe d'anglais : chez nous, on dit qu'il faut « *keep going* ».

On a adopté *Keep Going* (ou KG) comme un mini-mantra qui exprime notre recherche infatigable du meilleur produit créatif. *Keep Going* vous rappelle l'occasion qui sera manquée si vous vous contentez de quelque chose de correct. Le design pourrait-il être simplifié? KG. Le script pourrait-il être plus drôle? KG. Selon notre expérience, l'habileté d'une personne à pratiquer le KG est en plein ce qui permet à quelque chose de bon de devenir excellent. Ça s'est avéré être le plus grand facteur de succès de Rethink.

La consigne de KG peut survenir à toute étape du processus. D'abord, il faut KG jusqu'à ce que les idées 1 à 100 aient été trouvées. Puis, vous devrez peut-être KG sur quelques concepts mi-cuits pour voir s'ils pourraient donner quelque chose. La revue par les pairs (page 143) risque même de souligner encore plus de choses sur lesquelles il faudrait KG avant la présentation. Et une fois que votre idée sera approuvée et que le client lui aura donné le feu vert, il vous faudra encore KG tout au long du processus de production jusqu'à ce que vous atteigniez la ligne d'arrivée.

Parfois, quand une équipe créative se fait demander de KG sur un projet, ça veut dire qu'elle a un problème à résoudre. Ça peut être quelque chose de mineur, comme «trouvez comment cette idée pour la télé peut fonctionner sur les médias sociaux», ou encore quelque chose de majeur, comme «Qu'arriverait-il si la patinoire dans votre concept était déplacée sur le toit d'un gratte-ciel?» En réalité, un projet créatif, c'est une série de problèmes. C'est un marathon, pas un sprint.

Bien sûr, pour KG, il faut avoir assez de temps. Certaines compagnies créatives essaient d'arriver à une solution aussi rapidement que possible pour accroître leurs propres résultats financiers. D'autres n'arrivent pas à KG, tout simplement parce qu'elles sont trop désorganisées et qu'elles ne priorisent pas une exploration créative rigoureuse. Elles présentent à leurs clients trois idées parce que c'est tout ce qu'elles ont réussi à pondre dans le temps donné. C'est pourquoi la Machine Rethink est si importante. Plus on est efficaces et organisés, plus on a de temps pour KG.

KG est plus qu'un sigle, c'est une attitude. C'est synonyme de mettre les efforts, de les répéter inlassablement et de faire confiance au processus. Sans jamais prendre de raccourcis.

Les profits

Le problème avec le monde de la publicité, c'est que 90% des agences d'aujourd'hui sont en mode «maximisation des profits» pour leurs actionnaires de partout dans le monde. C'est ce qui a conduit l'industrie à un modèle non durable dans lequel ces agences sont constamment sous pression pour atteindre des profits, considérés plus importants que tout le reste. On le sait personnellement, parce qu'on a nous-mêmes quitté une excellente agence 18 mois après sa vente à l'une de ces multinationales.

Notre expérience chez Palmer Jarvis dans les années 1990 a été très formatrice. Avant la vente, le mot «profit» n'était que rarement au cœur des conversations de la haute direction. L'accent était mis autour de l'amélioration de notre produit et du développement des affaires. Après la vente, tout a changé. Les objectifs de profitabilité trimestriels sont vite devenus le seul sujet de conversation.

Durant la même période, on a lu le livre *Open Minds* d'Andy Law, qui parlait d'une jeune agence londonienne ambitieuse appelée St. Luke's. On s'est sentis inspirés par l'approche utilisée par les fondateurs pour créer une nouvelle sorte d'agence basée sur leurs valeurs. Ils avaient créé une structure coopérative dans laquelle chaque employé, du réceptionniste au président, possédait une part égale de la compagnie. Cette idée était un peu trop à gauche pour nous, mais leur esprit d'innovation était certes inspirant.

St. Luke's nous a enseigné l'importance de porter un regard différent sur l'entrepreneuriat. Ils s'étaient séparés d'un réseau multinational et avaient créé un environnement où des gens brillants pouvaient faire du travail brillant, libres des contraintes créées par les objectifs financiers. C'est ce qui nous a inspirés à mettre nos priorités sur les personnes, le produit et les profits, dans cet ordre précis.

Mais ne vous méprenez pas. On est tout de même des capitalistes (des capitalistes sociaux, mais des capitalistes quand même). La croissance est quelque chose de positif, surtout quand elle est gérée avec soin. On a toujours été d'avis que si on grandit, alors tout va bien. Ne serait-ce que pour survivre à l'inflation, il faut au moins croître de deux ou trois pour cent par année. Et les profits, c'est positif aussi – c'est le résultat d'un excellent travail produit efficacement. Ce qui n'est pas positif, c'est de s'inquiéter constamment de la croissance ou des profits, trimestre après trimestre.

Notre façon de faire, c'est de créer des conditions favorables pour qu'une marge de profits saine soit réalisée année après année. Notre objectif est une marge de 15 %, et dans nos meilleures années, nous l'avons dépassé.

On croit vraiment à l'idée de partager nos profits avec nos employés et nos associés. Le plan qu'on a établi, c'est de redonner de l'argent à partir d'une marge de 7,5 %, et ça augmente à mesure que nos profits augmentent.

On a à cœur de faire croître les bénéfices non répartis pour pouvoir gérer notre entreprise de manière indépendante.

Au fil des années, on a été mis à l'épreuve par des conditions économiques difficiles et des changements au sein de notre industrie. On n'a jamais perdu d'argent au final, parce qu'on a toujours été conservateurs avec nos profits et nos pertes et proactifs pour gérer nos coûts.

Durant notre pire année après la crise de 2008, on a dû mettre à pied le tiers de nos employés pour atteindre le seuil de rentabilité. Même à ce moment-là, on a essayé de mettre les personnes en priorité. On a été aussi transparents que possible avec l'ensemble de notre équipe et on a donné à tous ceux qui partaient le double de l'indemnité salariale imposée par le gouvernement. On a aussi promis d'élargir notre base de clients en ouvrant un nouveau bureau à Toronto, la capitale du marketing au Canada. Ce nouveau bureau, ainsi que notre honnêteté dans nos communications avec nos employés, nous a aidés à survivre aux temps difficiles et à garder notre culture intacte. Le fait de tailler l'arbre lui a permis d'être prêt pour sa prochaine poussée de croissance.

Récemment, j'ai été inspiré par un autre livre, *Conscious Capitalism* de Raj Sisodia et John Mackey, un co-fondateur de Whole Foods. Ce qui a fait écho en moi dans ce livre et qui a également été une composante de notre succès, c'est l'idée de devoir rendre des comptes à tous les gens impliqués dans un projet – pas seulement aux actionnaires.

Les partenaires avant les actionnaires. Une idée simple et géniale. J'espère que vous trouverez certaines des idées contenues dans cette prochaine section tout aussi inspirantes.

Tom Shepansky, membre fondateur

Les adeptes créent des adeptes

Sauvez votre âme en n'acceptant que des clients auxquels vous croyez.

Le directeur de notre
département des TI s'est fait
tatouer notre logo sur le bras.
Quand on parle d'adeptes...
←

Chez Rethink, notre but est de créer des adeptes des marques et des initiatives en lesquelles nous croyons. Pour atteindre ce but, il faut qu'on travaille avec les bons partenaires. Ça vous paraît peut-être évident, mais c'est étonnant de voir la si faible proportion d'entreprises créatives qui s'interrogent vraiment sur les gens avec qui ils font des affaires.

On a toujours dit que la vie est courte pour vendre du papier de toilette. C'est pourquoi on évite les clients gouvernementaux et leurs processus fastidieux. Et les affaires louches comme les loteries ou les produits destinés aux enfants.

Depuis notre premier jour chez Rethink, on a gardé bien en vue un tableau listant trois questions qu'on se pose à propos de tout client potentiel : Croit-on à cette entreprise et aux gens qui sont derrière elle? Croit-on qu'elle nous permettra de faire du beau boulot? Pourra-t-elle payer nos tarifs?

La réponse à la première question doit impérativement être oui. Cette règle nous garde honnêtes et nous tient près de nos valeurs; les personnes passent avant le produit et les profits. En plus, la vie est aussi trop courte pour travailler avec des trous de cul (voir La politique anti-trous de cul, page 21).

Si les réponses sont oui-oui-oui, il n'y a plus qu'à nous dire où signer. On est partants. Planifions déjà la première réunion.

Si on obtient un oui-non-oui, on est encore partants, mais il faut reconnaître qu'il risque d'y avoir des défis pour faire bouger la barge et la sortir du banc de sable sur laquelle elle est présentement échouée (voir Les barges, hors-bord et sous-marins, page 41). Mais même si le produit créatif qui émerge de cette collaboration ne gagne pas de prix, au moins, ce sont de bonnes personnes et les revenus additionnels vont nous permettre d'engager plus de bonnes personnes nous-mêmes. Si on s'embarque là-dedans avec des attentes raisonnables, tout ira bien.

Si c'est plutôt oui-oui-non, on sera peut-être intéressés, mais avec quelques réserves. Il y a moyen de trouver des façons créatives de travailler avec un budget plus serré. Mais si on s'engage à réduire nos tarifs ou à faire du travail pro bono (voir Les concepts proactifs, page 221), le potentiel créatif doit être énorme. Si on croit à la marque ou à la cause, aux gens qui la portent et à notre capacité à frapper des coups de circuit récurrents, on est partants. Et s'il faut trouver des façons créatives de travailler avec un budget plus restreint, on va le faire. Autrement, un «non merci» poli est de mise.

En respectant cette formule, on attire des clients qui ont des valeurs similaires aux nôtres. On s'épargne aussi beaucoup de temps, d'argent et d'énergie. Quand nos clients ont les mêmes choses que nous à cœur, c'est là qu'on arrive à faire de la magie.

Produit vs heures

Concernant la tarification,
le produit est bien plus important
que le nombre d'heures au compteur.

Plusieurs entreprises créatives établissent un taux horaire et facturent chaque heure passée par chaque personne sur le projet, parfois à un taux pondéré. Ce système néglige un point important : la valeur d'une solution créative. Cette valeur devrait-elle être basée sur la qualité d'une idée et son potentiel à changer les perceptions et les comportements ? Ou devrait-elle être basée sur les heures qui tournent ? Pour déterminer la manière dont on devrait être payés chez Rethink, on a toujours cru que c'était plus important d'évaluer le résultat (le produit créatif) que l'investissement (les heures investies).

Tous nos contrats se basent sur cette étendue – c'est-à-dire la liste des choses qu'on va produire pour le client. On a quand même des taux horaires attribués à la plupart de nos rôles, qu'on compare régulièrement aux taux offerts sur le marché. Mais on n'est pas esclaves de nos grilles tarifaires ou de nos feuilles de temps, comme le sont plusieurs de nos concurrents. À la place, on utilise simplement nos tarifs, tout comme notre expérience passée avec des projets similaires, pour estimer l'étendue totale d'un projet. On estime ensuite un prix fixe pour lequel on livrera tout ce qu'on s'est engagés à livrer.

Les avantages de facturer ce qui est produit plutôt que de facturer nos heures sont évidents, tant pour nous que pour nos clients.

Pour Rethink, le fait de ne pas faire une obsession des feuilles de temps signifie qu'on peut se permettre d'avoir un département de comptabilité beaucoup plus petit. On a appris que les gens du domaine créatif sont bons pour faire plein de trucs, mais remplir des feuilles de temps n'en fait pas partie. Dans certaines grosses agences, de très nombreuses personnes passent leurs journées à courir après des feuilles de temps manquantes et à s'assurer que chaque heure a bel et bien été comptabilisée. Notre département de comptabilité ne compte que sept personnes pour 175 Rethinkers répartis dans trois bureaux.

Des fois, il arrive qu'on passe plus de temps sur un projet que ce qu'on avait anticipé. Si c'est parce que le brief ou l'étendue du projet ont changé, on en discute avec nos clients. Mais si le dépassement est survenu parce qu'on a pris des heures supplémentaires pour trouver de meilleures idées, on ne demande jamais d'argent. On considère ça comme un investissement dans notre relation. On peut toujours ajuster nos frais sur le prochain projet.

Souvent, on choisit délibérément de surinvestir dans un projet. Dans certains cas, c'est pour acquérir une expérience dans un nouveau domaine. Ou pour contribuer à bâtir une relation avec un gros client. Ou pour soutenir une cause en laquelle on croit. Évidemment, ça a beaucoup de valeur pour nos clients et c'est une des clés de notre stratégie de rétention.

Nos clients profitent également de notre méthode de facturation. Demandez à n'importe quel directeur général du marketing d'une compagnie ce qui le contrarie le plus chez son agence partenaire, et il y a de fortes chances que les différends au sujet des heures qui dépassent le devis initial soient parmi ses plus grandes déceptions. On sait aussi que les gros clients des agences multinationales se font «ajouter des heures» sur leurs projets, simplement parce qu'ils en ont «les moyens». Nos clients peuvent être certains que le budget, c'est le budget, et qu'on s'en tiendra à ça.

Alors quand vous engagez un designer, un architecte ou quiconque du domaine créatif, pensez à la valeur qu'il vous apporte – pas au temps qu'il passe sur un mandat donné. Et on vous parie que vous obtiendrez un meilleur résultat, et vous passerez moins de temps à stresser en vous demandant s'il passe la «bonne» quantité de temps à vous trouver une solution.

OU

Bon marché et bon enfant

Investissez dans vos gens, pas dans vos meubles.

On adore les meubles IKEA. Même avant que la marque devienne notre client en 2017, on a toujours été de grands fans. Avec des bureaux, des chaises et des bibliothèques IKEA qui datent de 1999, notre bureau de Vancouver a un peu l'air d'un musée IKEA. Leurs produits sont simples, modernes et abordables, et ils nous permettent de nous équiper sans changer de design au fur et à mesure qu'on grandit. Tout l'argent qu'on économise ainsi est redistribué à nos employés.

Bien sûr, on voulait quand même inclure notre touche personnelle à cet environnement bon marché et bon enfant. Pour que l'espace nous ressemble, on y a ajouté des cartes, des globes terrestres et des horloges provenant de magasins d'articles usagés. On a créé des luminaires avec des cônes de construction blancs, on a adopté le tapis gazon plutôt que des tapis ordinaires (voir Le tapis gazon, page 189), on a construit la salle Lego (voir De l'espace pour jouer, page 29) et on a mis des tables de ping-pong dans nos salles de conférence pour nous aider à démontrer la théorie de la balle de ping-pong (page 147).

Avec l'argent qu'on ne dépense pas sur des meubles dispendieux, on peut engager plus de personnes – et investir en elles une fois qu'elles sont avec nous.

Ça peut être synonyme de petites choses comme de la bière et des boissons gratuites, ou de grandes choses comme des conférences, des cours et du coaching en leadership.

Tout ça pour dire : vous pouvez créer un bureau cool, original et impressionnant pour vos clients sans pour autant vous ruiner. Et vos employés vous en remercieront.

Le tapis gazon

43

Pour éviter que vos employés partent à la recherche de nouveaux pâturages, gardez le vôtre aussi vert que possible.

Chez Rethink, on est de grands fans du tapis gazon pour décorer nos bureaux. Pas parce que c'est bon marché et durable (bien que ça le soit). Pas parce que ça a l'air cool (bien que ça ait l'air cool). Et pas à cause de sa propriété miracle à attraper et retenir les poils de chien (ahhh, les fameux poils de chien). Non, la raison pour laquelle on aime le tapis gazon, c'est parce qu'on adore vivre nos métaphores.

Pour nous, le tapis gazon est un rappel quotidien que les gens créatifs sont toujours en train de chercher un gazon plus vert. Les personnes de talent n'arrêteront jamais de se demander si la vie est meilleure ailleurs : avec une autre agence, un autre client, un autre projet, une autre carrière. Alors souvent, ils font leurs valises et partent. Si on veut retenir les meilleurs talents, il faut absolument qu'on crée le pâturage le plus vert, luxuriant et fertile en ville. Il faut qu'on soit la boîte dont tout le monde parle :

- « Avez-vous entendu parler de Rethink ? »
- « C'est comment, là-bas ? »
- « J'ai entendu dire qu'ils n'ont pas de feuilles de temps. »

- « J'ai entendu dire qu'ils peuvent travailler de la maison. »
- « J'ai entendu dire qu'il y a des chiens à l'agence. »

Attirer ces gens de notre côté de la clôture nourrit notre cycle de succès continuel. Engager les meilleurs talents. Produire de la meilleure création. Attirer de nouveaux clients. Engager les meilleurs talents. Et ainsi de suite.

On s'assure que le tapis gazon est plus vert en faisant des vérifications régulières, deux fois par année. On fait un *Culture Check* dans toute l'agence, qui comprend moins de 20 questions. Des questions bien simples, comme :

- Êtes-vous heureux chez Rethink?
- Sentez-vous qu'il y a une bonne communication?
- Y a-t-il un bon équilibre travail – vie personnelle?
- Avez-vous l'impression de pouvoir faire les meilleures jobs de votre carrière ici?

On prend les réponses très au sérieux. En fait, plusieurs des outils qui se retrouvent dans ce livre proviennent directement du *Culture Check*. Par exemple, on a introduit la pratique du tête-à-tête avec les fondateurs (page 73) en réponse à un score plus faible sur la question du mentorat.

Et parce qu'on est indépendants, on peut investir dans des petites choses qui font toute la différence dans la vie des gens. Comme des après-midi dans un parc, des fêtes spontanées et des journées de congé plutôt que des heures supplémentaires. Toutes ces choses deviennent inaccessibles si vous êtes constamment en train de courir après une marge de profit de 25 %, comme c'est le cas dans la plupart des multinationales.

Alors, posez-vous cette question… quel est votre tapis gazon à vous? Et le gardez-vous aussi vert que possible?

Morgan Rogers

~~Stagiaire~~
~~Directrice artistique~~
~~Directrice de création~~
Associée

Promotions à l'interne

Bâtir une équipe gagnante avec de jeunes recrues est très payant à long terme.

Imaginons que vous êtes le directeur général d'une équipe sportive. Il y a deux approches très différentes que vous pouvez prendre pour bâtir une équipe qui se rendra en finale. Vous pouvez emprunter le chemin le plus long en sélectionnant les meilleurs espoirs et en les faisant évoluer jusqu'au statut de vedette. Ou vous pouvez prendre un raccourci en faisant des échanges et en engageant des talents accomplis de haut niveau. La première option nécessite plus d'investissements en recherche de talents, en mentorat et en développement. Mais la deuxième option est coûteuse aussi – vous devrez payer un fort prix pour faire venir des joueurs de l'extérieur qui au final, ne se sentiront peut-être pas chez eux dans vos vestiaires.

Comme vous l'aurez peut-être deviné par le titre de cette section, on préfère la première option. Les jeunes recrues sont beaucoup moins dispendieuses que les célébrités, ce qui peut vraiment aider à contrôler les coûts. Spécialement dans un domaine créatif où les employés de rangs supérieurs sont très bien rémunérés (comme dans la majorité des sports, d'ailleurs). Mais engager et promouvoir de jeunes recrues peut s'avérer payant d'autres façons également.

Les promotions à l'interne vous permettent de protéger et de préserver

la culture que vous avez si soigneusement créée au sein de votre compagnie[17].
Au lieu d'arriver chez vous avec des années de bagage et de notions préexistantes
provenant d'autres agences, vos employés seront immergés dans votre
culture et y prendront racine dès le début de leur carrière. Plutôt que de tenter
d'apprendre une nouvelle mentalité à de vieux loups cyniques, vous pourrez
vous concentrer sur la formation de vos louveteaux ouverts d'esprit et désireux
de plaire. Ils internaliseront les valeurs, les philosophies et les priorités de votre
compagnie pour ensuite les enseigner à d'autres.

Garder les employés motivés à tous les niveaux est crucial, et quand vous
faites des promotions à l'interne, tout le monde constate que c'est bel et bien
possible d'avancer et de gravir les échelons (même s'il ne devrait pas y avoir
trop d'échelons à votre hiérarchie : voir La structure horizontale, page 199). Les
promotions de haut niveau libèrent des places pour faire des promotions dans
les rangs intermédiaires, et ainsi de suite jusqu'au bas de la chaîne, même pour
les stagiaires. Cet effet domino instaure un sens intrinsèque de la motivation
chez les employés – le sentiment qu'ils contrôlent leur propre destinée et que leur
succès ne dépend pas de forces indépendantes ou de forces obscures de la haute
direction, mais bien de leur propre capacité à briller dans le rôle qui leur a été
donné. Chaque employé devrait toujours avoir la conviction qu'il travaille vers
un but et qu'il a de l'espace pour se développer.

Et une promotion interne envoie le signal à toute votre équipe que vous lui
faites confiance et que vous voulez la voir s'épanouir. Alors qu'une embauche de
haut rang provenant de l'extérieur peut créer du ressentiment et de l'incertitude
parmi les gens des échelons inférieurs, les promotions à l'interne insufflent le
sentiment que tous tirent dans la même direction et se tirent mutuellement vers
le haut. Et ces employés auxquels vous donnerez des promotions feront des pieds
et des mains pour vous prouver que vous avez fait confiance à la bonne personne.

Au moment où surviendra leur première promotion, leur esprit créatif devrait
être constitué d'environ 85 % de Kool-Aid Rethink. Ils seront plus loyaux, plus
investis émotionnellement dans le succès de la compagnie et susceptibles de
rester chez vous plus longtemps. Plutôt que d'engager un mercenaire surpayé,
offrez une promotion à un de vos employés. Vous inspirerez quelqu'un à devenir
votre fidèle allié.

Le leadership partagé

Si vous voulez aller loin, apprenez à partager la charge de travail – et le leadership.

Rethink n'a pas de PDG, et on n'a jamais eu de président. Un choix délibéré dès le premier jour. On croit vraiment que d'avoir une seule personne au volant d'une entreprise – particulièrement une entreprise créative –, c'est un champ miné de problèmes potentiels. Qui est cette personne aux commandes et quelle partie de la compagnie représente-t-elle? Plusieurs agences de publicité et de design, même si elles font partie du milieu créatif, sont en fait gérées par des personnes du service-conseil – qui ont généralement une formation qui se rapproche plus de l'administration des affaires. Ça nous a toujours semblé un peu contre-intuitif.

Dès le début, on a structuré la compagnie sous forme de leadership partagé dans de petits groupes. Pour nous, trop, c'est comme pas assez. Un groupe de deux, trois ou quatre est assez petit pour être efficace et assez grand pour représenter toutes les facettes d'une entreprise. Dans le cas de Rethink, Tom représente le côté business, et Chris et Ian, le côté créatif. Pendant notre première décennie, ça a remarquablement bien fonctionné. Maintenant, 20 ans après nos débuts, on s'assure que ce modèle de partage puisse évoluer dans l'avenir.

On a commencé par ajouter de nouveaux associés à l'équation. Dans plusieurs entreprises, devenir associé est une expérience qui prend énormément de temps et qui est coûteuse. Les associés potentiels doivent souvent payer leur part – tant en termes d'heures que d'argent. Certains doivent hypothéquer leur maison pour pouvoir se permettre d'acheter des parts dans une compagnie. Chez Rethink, on donne des actions à nos associés. Ça rend l'idée de s'associer beaucoup plus accessible, pour que plus de personnes (et en particulier des jeunes) puissent aspirer de manière réaliste à se rendre au sommet de l'échelle, un jour. En fait, dans un cas, on a même eu une employée qui est passée de stagiaire à associée en seulement cinq ans – la preuve que Rethink est une méritocratie, et non une autocratie.

On a maintenant près de 20 associés chez Rethink, chacun possédant des parts réelles dans la compagnie. Ils proviennent de tous les bureaux et de tous les secteurs de la compagnie. Du département de création à celui de stratégie, en passant par le service-conseil et la production.

De ce groupe, on a assigné à un groupe plus restreint des rôles d'associés principaux, chacun gérant son bureau respectif. Les associés principaux sont censés refléter la structure de leadership originale des fondateurs, avec un groupe de deux, trois ou quatre autres associés responsables. Les associés principaux de chaque bureau relèvent des trois fondateurs de Rethink, qui agissent maintenant comme un conseil d'administration actif dans l'entreprise

C'est une structure qui pourra être transmise aux futures générations et reproduite dans différents endroits. Elle protégera aussi l'indépendance de Rethink, qui est la source de notre succès.

La structure horizontale

Faites tout en votre pouvoir pour qu'il y ait le moins d'échelons possible dans votre entreprise.

Quand une compagnie grandit, sa structure organisationnelle grandit aussi. Les titres de postes s'allongent à mesure que la hiérarchie se complexifie. L'idée derrière ce type de structure est de créer des responsabilités et des rôles clairement délimités, ce qui est censé augmenter l'efficacité pour une raison obscure.

Nous, on croit que ça a l'effet inverse. Ces paliers sont synonymes d'approbation, ce qui affaiblit le produit créatif (une mort à petit feu qui survient tranquillement en montant vers le haut de l'échelle). Et les rôles hyper spécifiques imposent aux gens de « rester dans leur voie », ce qui inhibe la créativité. En gardant la structure organisationnelle simple, on a éliminé plusieurs distinctions somme toute futiles.

Les gens devraient être définis par ce qu'ils créent, et non par leur titre. Par exemple, si vous êtes un concepteur-rédacteur, chez Rethink, vous n'aurez pas junior, intermédiaire ou senior dans votre titre. Un concepteur-rédacteur est un concepteur-rédacteur. Point.

Les petites promotions mettent les gens dans de petites boîtes. Avec un système de titres exagérément détaillé, plutôt que d'entendre des trucs comme

« on devrait mettre Marc-André là-dessus, il est capable », on entend plutôt des phrases qu'on redoute, comme « on ne peut pas donner ce projet-là à un junior ». Et il n'y a pas de raison qu'un rédacteur débutant ne puisse pas avoir sa chance sur un excitant projet de haut niveau. Quand les gens sont mis sur un pied d'égalité, ils ont une plus grande boîte dans laquelle bouger. Et puis il y a toutes sortes de façons de montrer son appréciation qui n'ont rien à voir avec les promotions (voir Le pouvoir de l'appréciation, page 33).

On a quand même des directeurs de création – ceux qui ont la tâche d'approuver le travail – mais il n'y a pas de règle disant qu'il faut avoir un certain nombre d'années d'ancienneté pour être digne d'un projet. Si la personne peut faire le boulot, elle peut le faire, et c'est tout.

Rappelez-vous : ce qui compte, ce ne sont pas les années de service. C'est le talent et le travail assidu. Vous voulez que tous vos employés soient occupés à faire du bon boulot, pas qu'ils perdent leur temps à s'obstiner sur des questions d'ancienneté. Vous voulez qu'ils sentent qu'il est possible d'atteindre le sommet (ce qui est assez difficile à leur faire avaler s'ils sont à 10 promotions d'y arriver). Quand les possibilités d'avancement sont réalistes, les gens travaillent plus fort et restent plus longtemps dans la même entreprise. Et ça, c'est bon pour les bénéfices nets.

Bref : moins il y aura de barreaux à l'échelle, moins elle sera intimidante à grimper.

Comment partager les profits

Si la compagnie est gagnante, on est tous gagnants.

D'abord, un avertissement : le partage des bénéfices est un terrain miné. Il peut mener à des employés insatisfaits, à des attentes irréalistes et à une impression de favoritisme. Mais s'il est implanté de manière réfléchie et équitable, le partage des profits peut s'avérer un outil très utile pour aider au recrutement et récompenser les efforts collectifs de vos équipes.

Dans le monde traditionnel des agences, la plupart d'entre elles pratiquent mal le partage des bénéfices (ou ne le pratiquent pas du tout), en commençant à partager les profits quand leur marge atteint 18 %, 20 % ou même 25 %. Et encore, seulement quelques personnes clés en profitent – généralement à partir du niveau v.-p. Cette façon de procéder est incroyablement toxique parce qu'elle incite les membres de la haute direction à évaluer chaque décision en regardant strictement les profits qu'elle peut générer. Ils en viennent à renier leurs valeurs pour faire plus parce que les rénos prévues sur leur chalet en dépendent.

Nous, on commence à partager les profits dès qu'on atteint 7,5 % de marge et on les distribue à tous les employés de tous les départements. Si ça fait plus d'un an que vous êtes Rethinker, vous obtenez votre part. Avoir un seuil minimum plus bas (et des bonus qui augmentent lorsqu'on atteint 10 %, puis 12,5 %, puis 15 % et ainsi de suite) signifie que la plupart des années, tout le monde reçoit un chèque.

Pour déterminer qui obtient quoi, on donne à chaque chef de département une cagnotte à diviser au sein de son équipe. La plupart du temps, l'argent est séparé également. Parfois, une personne qui s'est vraiment démarquée obtient une plus grosse part que les autres, mais le but reste toujours d'être équitable.

C'est important de gérer les attentes en ce qui concerne le partage des profits. Certaines personnes, lorsqu'elles entendent les mots « partage des bénéfices », s'imaginent des montants faramineux. On met au clair avec tous qu'on n'est pas une *startup* de technologie où les gens reçoivent des dizaines de milliers de dollars. Ceci étant dit, un chèque typique peut correspondre à un montant qui est deux fois plus grand que le taux d'inflation, celui attribué au salaire – ce qui n'est quand même pas négligeable. Au fil des ans, les bonus ont totalisé une somme de plusieurs centaines de milliers de dollars en partage des profits.

Et c'est vraiment de l'argent bien investi.

Pas de «nous contre eux»

Que vous ayez 25 ou 250 employés, tout le monde joue dans la même équipe.

Il y a deux défis clés auxquels on a dû s'attaquer pour s'assurer que Rethink demeure une compagnie unie : éliminer les divisions entre les départements et réduire au minimum la compétition à l'interne.

Le premier défi auquel font face les compagnies créatives, particulièrement les agences de pub, c'est la division entre les départements. Plusieurs entreprises qui appartiennent à des multinationales ont une approche en silos dans laquelle les stratèges, les gens du service-conseil et les créatifs travaillent séparément. Ils se font tous dire de rester dans leur rang pour améliorer l'efficacité, mais il en résulte une dynamique malsaine. Dans un pareil environnement, ceux qui portent un veston sont vus comme les «parents», et les créatifs comme les «enfants». Les créatifs réagissent automatiquement mal à un brief dans lequel ils n'ont pas eu leur mot à dire, et le service-conseil blâme ensuite les créatifs de ne pas avoir suivi le brief. C'est accusatoire, toxique, et ça encourage la mentalité du «nous contre eux».

La seule façon efficace de combattre la toxicité entre les départements, c'est de détruire les murs entre les silos. Un bureau à aire ouverte peut aider, mais ça ne suffit pas. En fait, ça doit partir du haut complètement. Plutôt que d'avoir un seul président issu du service-conseil, Rethink a 20 associés et des associés principaux qui proviennent de tous les départements.

Sur une base quotidienne, ces départements doivent absolument être en communication constante. Les créatifs ont la chance de donner leur avis sur la stratégie. Le service-conseil peut donner son opinion sur la création. Les producteurs sont à bord du projet bien avant la présentation.

Est-ce que c'est beaucoup de travail? Oui. Est-ce que ça implique d'organiser beaucoup de réunions et de mises au point? Oui. Mais est-ce que ça vaut la peine? Oh que oui! La communication, c'est l'antidote à la compétition.

Une fois qu'une entreprise devient assez grosse et ouvre de nouveaux bureaux, un autre défi majeur du type « nous contre eux » survient : comment faciliter la collaboration entre les bureaux et éviter de monter vos bureaux les uns contre les autres? Encore une fois, ce problème mine les entreprises multinationales dans lesquelles on demande souvent à des succursales de mettre la main à la pâte sur les projets des autres, souvent sans être payées ou avec la promesse que l'autre bureau rendra un jour la pareille.

Pourquoi un bureau voudrait-il contribuer à un *pitch* qui ne lui rapportera jamais un sou, même s'il est gagné? C'est pour cette raison que les fondateurs de Rethink ont opté pour une approche des profits beaucoup plus holistique. Chaque bureau gère ses propres profits et pertes et est récompensé selon sa performance. Mais la majeure partie de l'attention (et de la récompense) est mise sur les profits et pertes consolidés de tous les bureaux.

Les avantages d'un modèle unique de profits et de pertes sont nombreux. Ça permet à toute la compagnie d'être plus habile et flexible. Si Toronto a besoin d'une équipe créative de Vancouver pour la semaine, pas de problème. Si un client de la côte Ouest a besoin d'une adaptation vers le français, le bureau de Vancouver peut se tourner vers les ressources de Montréal. Ça encourage la camaraderie à travers le pays. Une victoire pour l'un des bureaux devient une victoire pour tous les bureaux.

Éviter la mentalité du « nous contre eux », ce n'est pas facile, mais ça signifie moins de paperasse administrative, moins de comptabilité et surtout, moins de conflits. Ça permet à tout le monde impliqué de se concentrer sur la meilleure solution plutôt que de se soucier de qui payera qui, ce qui ultimement se traduit par un meilleur travail pour nos clients.

49 RH faites maison

Traitez les gens comme des humains, pas comme des ressources.

Rethink a déjà eu un directeur des ressources humaines, une fois. On avait déjà survécu plusieurs années sans département officiel de RH, mais quand on a atteint environ 75 employés, on s'est demandé si on avait besoin de ce que toutes les autres compagnies de notre taille avaient. On a donc engagé un pro des RH.

Ça n'a pas bien été. Le gars était une bonne personne, mais il adorait les règles. Il avait des cartables remplis de règles. Et il voulait les établir aussi rapidement que possible.

On a fait ce qu'on fait toujours, on a repensé à ça. Plutôt que d'avoir des ressources humaines traditionnelles, on distribue les tâches de RH à toute l'équipe de direction de notre agence, dans tous les bureaux, pour représenter nos 165 employés.

Quand vous entendez dire qu'une entreprise « n'a pas de département traditionnel des RH », ça peut sonner l'alarme. À qui les employés peuvent-ils s'adresser pour partager des informations délicates? À qui peuvent-ils formuler des plaintes liées au travail? Qui va les défendre? Comment ça marche?

Grosso modo, tout est dans la division des tâches. D'abord, vous avez besoin d'une grande équipe de direction. On a près de 20 associés répartis dans trois bureaux. Chaque bureau est géré par deux, trois ou quatre associés principaux. Le groupe des associés principaux représente les facettes créative, stratégique et administrative de notre entreprise (voir Le leadership partagé, page 195).

Ces associés assument toutes les responsabilités habituelles d'un département de ressources humaines : interviewer et engager de nouveaux employés, mener les évaluations annuelles, recommander des augmentations de salaire, gérer les frustrations quotidiennes, approuver les journées de vacances et ainsi de suite.

Tous les membres de ce groupe ont le pouvoir de prendre des décisions spontanées (avec les bonnes raisons), mais ils sont aussi encouragés à suggérer des sujets dont ils souhaitent discuter avec tous les associés. Ça paraît peut-être intimidant et demandant, mais si vous utilisez votre gros bon sens et que vous divisez les tâches adéquatement, c'est faisable… et étonnamment efficace.

Les sujets délicats (comme les problèmes de dépendance ou le harcèlement) sont abordés par une seule personne du groupe d'associés principaux à la fois – normalement celle qui est la plus proche de l'employé affecté. Parfois, il faut demander l'avis externe d'un avocat ou d'un thérapeute. On s'assure d'avoir un contact local avec de tels spécialistes dans chaque bureau.

Un conseil : quand vous êtes aux prises avec un problème de RH, gardez en tête qu'il est souvent préférable d'en donner plus que pas assez. Faites tout en votre pouvoir pour être juste, impartial et généreux. Donnez à chaque employé une évaluation annuelle incluant des commentaires honnêtes et anonymes ainsi qu'une occasion de s'autoévaluer (voir Les évaluations Rethink, page 69). Prenez la peine d'inviter régulièrement vos employés à prendre un café pour leur demander comment ils vont, et accordez-leur autant de temps qu'il en faut pour qu'ils se sentent écoutés. Ne soyez pas radin avec les augmentations – c'est mieux de payer un peu plus que d'avoir à chercher un remplaçant. Et quand c'est vraiment l'heure de laisser partir quelqu'un, faites-le avec compassion et un généreux chèque d'indemnisation.

Cette approche n'est pas conventionnelle. Elle ne fonctionne peut-être pas pour les organisations de tous les genres et de toutes les tailles, mais ça fonctionne pour nous. En plus d'épargner sur les salaires des RH, ça nous a

Au verso : tous les Rethinkers obtiennent leur bio accompagnée d'une photo sur notre site Web. On fournit la base du piédestal, et ils s'occupent de la pose créative.

→

permis de toujours garder le contrôle de notre culture et d'être plus près de nos gens. Nos leaders se sentent personnellement responsables du bien-être de chaque employé. Et on évite de confier le pouvoir des ressources humaines (et ses politiques) à une seule personne ou à un seul département.

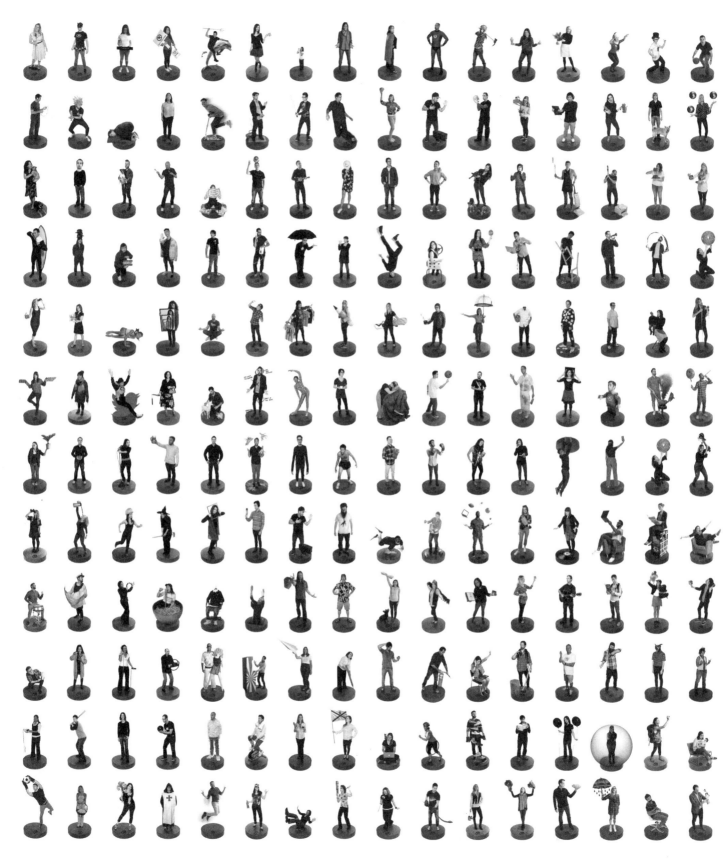

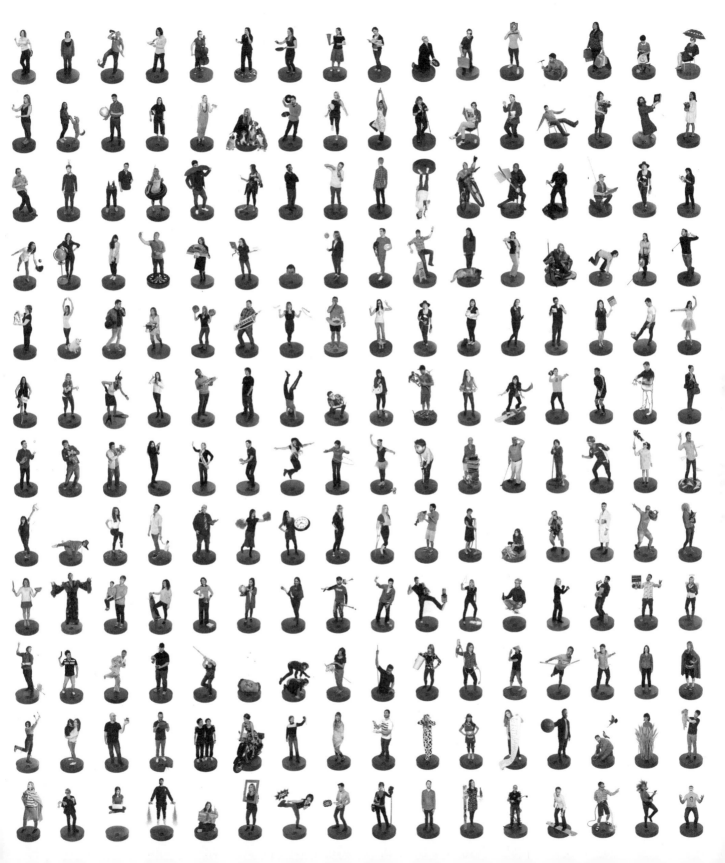

FILM	SCÈNE	PRISE
PROD.	Toi	
RÉALISATEUR	Toi	
DIR. PHOTO	Toi	
DATE		

Production à l'interne

Vous voulez épargner de l'argent et favoriser la créativité à tous les niveaux? Faites les choses vous-mêmes.

Dans les 20 dernières années seulement, l'industrie de la publicité a connu des bouleversements majeurs. Elle est passée de la sphère des médias traditionnels avec ses compagnies de production à l'ancienne à un monde numérique où tout le monde a une caméra HD dans sa poche. C'est difficile de justifier un tournage à 300 000 $ à un client qui croit pouvoir capter à peu près la même chose lui-même avec son cellulaire. Pour les agences, ces changements ont apporté un incroyable mouvement d'éloignement de la pub traditionnelle et un rapprochement de la création de contenu axée sur la relation avec la marque plutôt que sur la transaction, tant sur les plateformes numériques qu'en design et en expérientiel. Tout ça, appuyé par des capacités de production pleinement intégrées.

Une autre source de bouleversement, c'est le problème de l'attention. Le message télé de 30 secondes était perçu comme la crème de la crème en publicité, mais le public captif des médias de masse n'existe plus. Maintenant, le but est de freiner le pouce d'une personne qui fait défiler son fil d'actualité. Et on n'a qu'une fraction de seconde pour se rendre intéressant.

Si on veut transmettre un message à un grand nombre de personnes, la quantité de contenu qu'on doit produire a augmenté de manière exponentielle. On ne peut plus se contenter de tourner une vidéo. Elle doit maintenant être optimisée pour Facebook, YouTube et Instagram. Elle doit pouvoir se décliner en 30 secondes, en quinze secondes et même en six secondes. Elle doit généralement pouvoir fonctionner sans qu'on entende le son. Et bien sûr, on doit la produire en formats vertical, horizontal et carré.

On a rapidement réalisé qu'on ne pourrait plus dépendre des boîtes de production traditionnelles. Si on voulait rester compétitifs, il fallait qu'on soit verticalement intégrés. Il fallait qu'on démarre notre propre boîte de production. Les Productions R+D ont commencé toutes petites, avec un seul monteur vidéo travaillant sur des projets de moindre importance dans un coin isolé du bureau. Mais le projet a grossi plus rapidement qu'on ne l'avait anticipé, et moins d'un an plus tard, on s'est retrouvés à démolir un mur pour aménager plus de studios de montage. On a engagé plus de monteurs, d'animateurs multimédias, d'artistes en effets visuels et de coloristes. On a même formé certains de nos rédacteurs à faire de la réalisation, ce qui nous permet maintenant un contrôle total de notre produit fini et protège nos clients de frais abusifs en réalisation (et des egos démesurés de réalisateurs qu'on ne nommera pas). C'était comme si d'un jour à l'autre, on avait réussi à transformer une de nos plus grandes dépenses en nouvelle source de profits.

Certaines personnes ont émis l'idée que d'internaliser la production trop rapidement affaiblirait notre produit, mais on a plutôt constaté l'inverse. Nos créatifs sont maintenant en mesure de participer à toutes les étapes du processus. S'ils veulent travailler avec un monteur pour résoudre un problème, ils n'ont qu'à descendre l'escalier plutôt que de devoir prendre un taxi jusqu'à l'autre bout de la ville. Ça donne à nos employés un plus grand sens de responsabilité et de propriété sur leurs projets – ce qui est très différent de l'ancien modèle, dans lequel on «remettait» une idée à une compagnie de production pour la laisser s'enfuir avec.

Il y a des leçons à tirer pour plusieurs industries créatives, ici. N'ayez pas peur d'expérimenter en faisant des choses à l'interne (voir Les journées R+D, page 215). Commencez petit et faites des tests. Avec les outils technologiques dont on dispose aujourd'hui, vous épaterez vos clients – et vous-mêmes.

⑤① Les journées R+D

Attaquez un problème créatif en transformant votre bureau en incubateur créatif le temps d'une journée.

Toutes les entreprises créatives emploient une variété de personnes qui accomplissent une variété de tâches.

Certaines de ces personnes sont catégorisées comme «créatives» – c'est-à-dire les rédacteurs et designers. D'autres départements sont vus comme des services de soutien, comme la comptabilité, l'administration ou la production. On croit que cette division est une occasion manquée qui mène à des occasions manquées. Et deux fois par année, on le prouve pendant une journée R+D (pour Rethink + Développement) en mettant toute la compagnie à l'œuvre pour résoudre un beau gros problème créatif.

L'inspiration nous est venue du monde des *startups* de technologie et de leurs Hack Days, des après-midi où les développeurs arrêtent tout ce qu'ils font pour travailler sur un nouveau problème à résoudre. Google est bien connue pour allouer un nombre d'heures fixes chaque semaine à ce genre de réflexion en équipe.

Chez Rethink, une journée R+D est un événement de consolidation de l'esprit d'équipe qui se déroule dans les trois bureaux et durant lequel on met sur pause le travail fait pour nos clients. On divise les employés aléatoirement en équipes de quatre ou cinq personnes, et on passe une journée complète à résoudre un problème créatif. Les sujets sont choisis pour leur lien avec l'actualité. Il y a quelques années, quand les médias sociaux se sont hissés au sommet où ils figurent aujourd'hui, on a demandé aux équipes de concevoir une seule publication très peaufinée – un titre et un visuel uniquement – qui ferait sensation en ligne. Voici d'autres défis qu'on s'est lancés dans le passé :

- Trouver un point de friction dans notre ville et y proposer une solution digne de faire les manchettes.
- Combiner deux concepts pour en créer un troisième (voir 1 + 1 = 3, page 111).
- Construire un prototype numérique qui répond à un besoin humain.
- Produire 25 styles de contenu vidéo différents autour d'un thème commun : le lunch.
- Proposer de nouvelles façons de motiver les jeunes à être plus actifs physiquement.
- Et lancer des idées pour ce livre.

Après une journée d'explorations conceptuelles variées (et pas mal d'essais-erreurs), les équipes partagent la solution à laquelle elles sont parvenues avec toute l'agence au moyen d'une courte présentation de deux ou trois minutes. Vous seriez sans doute surpris de constater les talents, excentricités et passions secrètes de vos employés. Peut-être que votre gars des TI est aussi DJ. Peut-être que votre directeur des finances sait coder. Votre réceptionniste temporaire est peut-être la personne la plus hilarante du bureau. Vous ne le saurez jamais, à moins de leur offrir une occasion de le montrer. Une idée de génie peut germer dans n'importe quelle tête et tout le monde mérite sa chance de briller. La journée R+D est le moment parfait pour lever le voile sur ces talents et donner à tout le monde la chance de partager leurs compétences particulières. En plus, c'est rafraîchissant d'entendre de nouvelles voix présenter des projets, pour une fois.

Au point de vue interpersonnel, les journées R+D ont un effet incroyablement galvanisant. Vous faites à vos employés un cadeau en or : la liberté d'échouer. Puisque ce n'est pas un projet payé par un client, les équipes se sentent beaucoup plus libres de prendre des risques et de laisser aller leurs instincts. Et comme vous ne disposez que d'une journée, il n'y a pas de temps à perdre à faire des recherches ou à s'enfarger dans des détails. Oubliez les plans de contingence, les discussions interminables autour du lancement, les matrices de messages clés et les processus rigides – vous avez quelque chose à faire, et vous devez le faire aujourd'hui.

En amenant des gens de différents départements à travailler en équipe sur un nouveau projet dans un délai serré (voir Pas de «nous contre eux», page 205), vous forcez tout le monde à sortir de sa zone de confort. Une productrice électronique se retrouvera peut-être à rédiger des titres accrocheurs et un chargé de comptes aura peut-être à se transformer en illustrateur le temps d'une journée. Cette façon de faire encourage une pensée divergente, qui tend elle-même vers des idées plus novatrices[18]. Et ça ne laisse absolument pas de place pour les gros egos. La collaboration et l'ouverture sont les seules façons d'y arriver. Assurez-vous de prendre en note quelles équipes de R+D ont du succès et lesquelles frappent un mur. Avec le temps, vous commencerez peut-être à remarquer un dénominateur commun (voir La politique anti-trous de cul, page 21).

En plus d'être une façon vraiment plaisante de travailler, des journées R+D élèveront la qualité de votre produit créatif. Elles brisent la routine hebdomadaire, ce qui a l'effet d'un redémarrage sur la pensée créative. En plus, certaines idées que vos équipes généreront seront réellement utilisables. Plusieurs des réalisations qu'on a faites pour nos clients réels (incluant certaines de nos plus célèbres) sont parties d'idées lancées lors des journées R+D.

Au point de vue des profits, c'est vrai que les journées R+D coûtent cher. Pour un observateur externe, ça paraît probablement fou de mettre des centaines d'heures non facturables sur des projets parfaitement théoriques, sans compter le temps et l'énergie qu'on dépense pour planifier chacune de ces journées et l'argent alloué pour nourrir 25 équipes affamées par leur travail acharné (la pizza, ce n'est quand même pas gratuit!).

Cependant, par expérience, cet investissement en temps rapporte beaucoup de dividendes. Il abat les murs entre les départements, améliore l'efficacité et encourage le travail d'équipe. Les équipes apprennent à résoudre des problèmes rapidement et à peu de frais en faisant la majeure partie de la production à l'interne. Toutes ces choses peuvent être appliquées dans le contexte des projets réalisés pour nos clients. Les journées R+D permettent de constamment repenser la résolution de problèmes, ce qui redynamise notre façon de travailler et nous aide à développer des relations à plus long terme avec nos clients.

On croit sincèrement que quand on comptabilise tous les apprentissages partagés et les bénéfices intangibles, les journées R+D sont en fait une source de profits. Elles ont peut-être l'air de défis frivoles sortis tout droit d'une téléréalité, mais elles sont en fait un outil inestimable.

Les concepts proactifs

Donner à vos employés des exutoires créatifs pour résoudre des problèmes importants, c'est bon pour eux, pour l'agence et pour les clients.

Normalement, les clients nous abordent avec un problème et on leur revient avec une solution. Mais les concepts proactifs, ou CP pour faire court, renversent complètement ce processus habituel. Avec les CP, n'importe qui peut proposer une idée pour laquelle il se passionne, qu'on peut arriver à réaliser à peu de frais et souvent imaginée pour un organisme sans but lucratif. Si on croit au pouvoir d'une idée pour attirer l'attention et créer un changement positif, on va trouver nous-mêmes le client parfait pour l'endosser.

Chaque année, on investit 2 ou 3 % de nos profits dans ces projets. Il faut le voir ainsi : on met le profit au service d'une cause. On a découvert que contribuer à générer des changements positifs dans une grande variété de projets propulsés par une cause résonne vraiment auprès des Rethinkers, surtout ceux des nouvelles générations.

Ce n'est pas toujours facile. Les CP nécessitent qu'on investisse d'innombrables heures et qu'on couvre les coûts de base du projet. On doit cogner à la porte de compagnies (souvent en les appelant ou en leur envoyant un courriel sans préambule) pour leur expliquer qui on est, leur offrir une grande idée gratuitement et les rassurer que non, ce n'est pas une arnaque. Mais le résultat final, c'est qu'on gagne un tas de prix avec ces projets réalisés pour des clients connus qui n'auraient sûrement jamais entendu parler de nous autrement.

Parmi tous les outils présentés dans ce livre, celui des concepts proactifs est peut-être le moins orthodoxe de tous. Certains les voient peut-être comme de simples mises en scène pour gagner des prix, mais plusieurs des idées dont on est les plus fiers et pour lesquelles on est les plus connus ont commencé par des bribes de CP griffonnées sur des Post-it. Les prix font partie de l'équation, oui. Mais ils ne sont que le résultat d'une excellente solution créative.

Du moment où une idée de CP est approuvée, les troupes sont galvanisées. La plupart des CP nécessitent de réaliser quelque chose qui n'a jamais été fait auparavant. Une équipe de personnes de tous les départements est amenée à travailler conjointement pour faire l'impossible – et tout ça pour une bonne cause. Défricher un territoire inexploré avec un budget réduit ou inexistant encourage aussi un travail d'équipe exceptionnel entre les départements. Dans plusieurs cas, le héros méconnu est la personne du service-conseil qui a convaincu un client potentiel d'embarquer avec nous dans un CP. Ou encore la directrice de production qui a déniché un savant fou capable de nous concevoir une pièce de technologie jamais vue.

Pour un créatif, les concepts proactifs sont peut-être notre meilleur outil de motivation. Avoir un projet créatif excitant au menu garde les gens énergisés et inspirés, même s'ils passent la majeure partie de leur temps à travailler sur des barges (voir Les barges, hors-bord et sous-marins, page 41). Créer du contenu digne d'attention, ça prend de la pratique – personne ne réussit à son premier essai. Mais les CP permettent aux équipes de prendre du gallon, de se donner corps et âme pour finalement parvenir à faire un coup de circuit. Après la première fois, les coups de circuit deviennent plus faciles, la moyenne au bâton augmente et les victoires commencent à s'accumuler. Mener à terme un CP, ça donne de la confiance en soi x 1000. Une fois que quelqu'un voit son concept briser l'Internet, intéresser les médias et rafler tous les prix, on peut parier qu'il voudra répéter l'exploit encore et encore.

Tout faire de A à Z, ça aide à favoriser une culture d'innovation qui améliore la qualité globale de notre production créative. Grâce aux CP, on s'essaie sur des choses folles et audacieuses en ayant moins peur d'échouer, puis on applique nos apprentissages aux projets à gros budgets de nos clients récurrents. Puisque les clients de type OSBL ont souvent très peu d'argent à investir en placement média et que leurs budgets en production sont minuscules, on doit trouver des façons nouvelles et créatives de faire beaucoup avec peu. Nos clients payeurs apprécient notre capacité à étirer chaque dollar – une force qu'on a acquise sur le terrain avec nos CP.

Et même si on les inclut ici dans la section sur le profit, les CP ont un effet profond sur chaque aspect de notre entreprise. En fait, les CP sont une arme secrète qui perpétue le cycle du succès et de la profitabilité durable. L'engouement qu'on génère avec nos petites idées de CP nous aide ensuite à recruter et à garder parmi nous les personnes créatives les plus ambitieuses et talentueuses présentes sur le marché. Et ces gens-là nous aident à augmenter la qualité de ce qu'on offre à nos clients plus lucratifs, ce qui les rend heureux, ce qui nous garde profitables. Plusieurs de nos clients ont d'abord entendu parler de nous en voyant une de nos idées de CP. Et parfois, proposer un CP est ce qui nous permet de mettre le pied chez un client qui deviendra un payeur et avec qui on bâtira une longue relation.

Si vous demandez à n'importe quel Rethinker quel a été son projet préféré de tous les temps, il y a de fortes chances qu'il évoque un CP. Quand vous offrez aux gens le soutien dont ils ont besoin pour concrétiser des idées innovantes pour des causes qui les passionnent, vous leur donnez les moyens de produire les meilleures jobs de leur carrière au sein de votre compagnie.

Les CP

① **POLICIERS MASQUÉS**

Des policiers qui se font passer
pour des enfants en ligne afin de
capturer des prédateurs sexuels ?
Voilà la prémisse derrière la série
d'affiches pour le service de police
de Vancouver.

② **NULLE PART OÙ SE CACHER
AVEC ORKIN**

Un message clair et un design
efficace, il n'en faut pas plus
pour faire une bonne campagne
imprimée. Bonne chance aux
insectes, parce qu'avec Orkin, ils
n'ont aucun endroit où se cacher.

③ **DES AVERTISSEMENTS
BIEN CIBLÉS**

Les vidéoclips misogynes
sur YouTube sont rarement
accompagnées d'un avertissement.
C'est pourquoi on a diffusé des
publicités de prévisualisation
de six secondes pour le YWCA –
précédant des vidéos peu
respectueuses envers les femmes –
qui servaient d'avertissements
que les utilisateurs n'avaient pas
le choix de laisser rouler.

④ **NOS OCÉANS ASPIRENT
À MIEUX AVEC GREENPEACE**

Cet autocollant Instagram
permettait aux gens d'ajouter
une créature marine à une photo
de paille de plastique et d'identifier
le restaurant. Le but? Culpabiliser
les restaurateurs dans le but qu'ils
optent pour des pailles en papier.

①

②

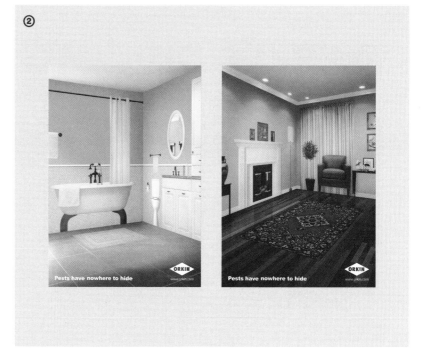

Les CP

① **ATTAQUE DE PLASTIQUE**

En 2010, on a fait des répliques géantes des anneaux d'emballages de six canettes et on les a disposés sur des statues vancouvéroises représentant l'univers marin – et ce, sans permis. On a réussi à engager une conversation sur le fléau du plastique dans les océans.

② **CONDUITE DISTRAITE**

Il n'y a rien de mieux qu'une démonstration claire pour exprimer ce que l'on veut dire. Ce cas-ci exposait les difficultés (et dangers) de faire deux choses en même temps.

③ **LE BOUCLIER LGBT**

En partenariat avec la Fondation Émergence, on a créé une puissante démonstration pour sensibiliser les gens à la Journée mondiale contre l'homophobie et la transphobie. On a tiré un projectile de calibre .45 à travers une installation composée de 193 drapeaux LGBT, un pour chaque pays membre de l'ONU. Un drapeau seul n'avait aucune chance de résister à la balle. Mais la balle perdait en puissance à mesure qu'elle transperçait les drapeaux, et elle a fini par tomber sur le sol. La preuve que tous ensemble, on peut mettre un terme à l'homophobie et à la transphobie.

①

②

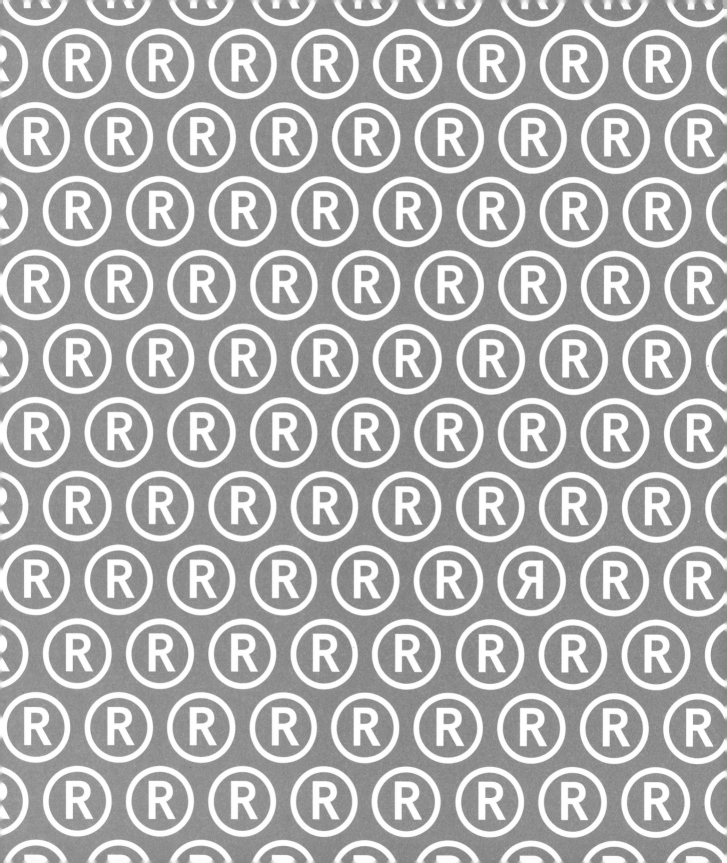

Chérissez l'indépendance

L'indépendance n'est pas qu'un modèle d'affaires. C'est une attitude qui imprègne toute votre entreprise.

En tant que seule vraie agence indépendante d'ampleur nationale au Canada, on parle beaucoup de la valeur de l'indépendance, chez Rethink. En fait, on cite souvent notre indépendance comme point de différenciation majeur lorsqu'on rencontre des clients potentiels. Presque tous nos concurrents appartiennent à d'énormes sociétés de portefeuille multinationales et sont donc à la merci des objectifs de profits agressifs de leur siège social. Bien sûr, leur portée et leurs ressources sont immenses, mais on croit fermement que l'indépendance est une force incroyable – et pas juste pour nous, pour toute compagnie créative.

Être indépendant permet aux entreprises de rester fidèles à leurs valeurs de base, c'est-à-dire les idéaux et les philosophies qui les ont menées là où elles sont rendues. Ce n'est qu'en demeurant indépendante qu'une compagnie peut vraiment mettre en application ce qu'elle prêche quand elle dit que les personnes sont sa priorité. Pour les multinationales, c'est toujours le profit qui gagne. Chez Rethink, on accorde une importance incroyablement élevée à la qualité de notre produit final – une qualité qui serait certainement mise en péril face au stress d'une demande continuelle de profits trimestriels.

Parlant de profits, un autre avantage immense d'être indépendants, c'est d'avoir un contrôle total sur les attentes qu'on a sur notre marge et où on choisit d'investir cette marge. Vous voulez réinvestir vos profits vers vos employés grâce à un programme de partage des bénéfices ou à des événements culturels? Allez-y. Vous voulez les mettre dans des projets passionnels, du travail pro bono pour un OSBL, ou encore transformer un projet correct en un projet qui gagnera des prix? C'est vous le patron. Vous voulez expérimenter, essayer de nouvelles choses? Planifiez une journée R+D (page 215).

Un facteur de l'indépendance que les gens sous-estiment, c'est ce qu'on appelle « le pouvoir du non ». En tant qu'indépendant, vous pouvez dire non à un projet qui ne vous intéresse pas. Vous pouvez choisir de couper les ponts avec un client qui vous paye bien, mais qui agit en trou de cul. Puisque vous avez investi dans les meilleurs employés et le meilleur produit, vous pouvez négocier à partir d'une position de force. Et vous seriez surpris de voir à quel point un « non merci » poli peut vous attirer du respect, vous épargner tous les maux de tête du monde et garder la porte ouverte pour l'occasion en or qui finira par se présenter. Ne sous-estimez jamais le pouvoir d'un non.

Finalement, il faut souligner que l'indépendance attire et crée de fervents adeptes. Les meilleurs et les plus brillants penseurs indépendants (des créatifs aux stratèges, en passant par les chargés de comptes) sont souvent attirés à travailler pour des entreprises qui partagent leurs valeurs et leurs ambitions. Et les meilleurs clients, ceux qui sont partants pour prendre des risques au nom de la bonne création, veulent avoir accès à ces penseurs indépendants. Au fil du temps, l'esprit d'indépendance de votre entreprise s'enracinera dans son ADN et vos employés seront fiers d'être des David dans un monde rempli de Goliath.

Le chemin
le plus long

Adoptez une vision à long terme des profits – d'une année à l'autre, pas d'un trimestre à l'autre.

La plupart des compagnies inscrites en bourse souffrent d'une myopie perpétuelle. Elles ne peuvent pas se permettre de prendre un pas de recul pour regarder le portrait global parce qu'elles sont trop obnubilées par le rapport des profits du prochain trimestre. Et si un trimestre paraît mal, elles réagissent de manière prématurée. Elles vendent des actifs, font des coupures dans le personnel ou évacuent leur morale du processus – tout pour faire monter les chiffres.

Comment cela affecte-t-il une compagnie propulsée par les idées? Comment de bonnes idées peuvent-elles émerger dans un environnement d'économies de bouts de chandelles? Des frictions et des conflits entre les deux côtés sont inévitables. C'est pourquoi on pense que faire rouler une entreprise par cycles de trois mois, c'est de la folie.

On se finance nous-mêmes depuis nos débuts (on a laissé une partie de notre épargne dans la compagnie comme bénéfices non répartis), ce qui nous a permis d'éviter de devoir constamment nous rapporter à notre institution financière sur une base trimestrielle ou annuelle. On se rapporte à notre groupe d'associés chaque trimestre, mais on se fait un point d'honneur de ramener les conversations à une vision plus globale pour s'assurer d'être en bonne posture pour connaître une année fructueuse.

Un autre point clé qui nous différencie, c'est que nous avons une cible variable – et non fixe – pour les bénéfices nets. On a toujours été prêts à s'en tenir au seuil de rentabilité dans une année si on n'arrivait pas à faire de plus grands profits. C'est très important, parce que ça nous permet de garder une équipe forte, même après une année moins prolifique (même dans nos années les plus maigres, on a toujours fait de l'argent).

Puisqu'on est indépendants et ouvertement engagés à long terme, on a la liberté de s'intéresser à des tendances plus larges et de faire des investissements plus grands (que certains qualifieraient de plus risqués). Quand on a ouvert notre bureau de Toronto en 2010, on sortait tout juste de notre trimestre le plus bas de tous les temps. Imaginez-vous en train d'essayer de percer un nouveau marché et d'ouvrir un nouveau bureau tout en étant tenu d'atteindre un quota trimestriel.

On pourrait dire la même chose de notre investissement en production (voir Production à l'interne, page 213). Les dépenses à court terme encourues pour construire des studios de montage et engager des spécialistes de l'amplification nous ont certainement causé un déficit à court terme, mais elles ont créé de la sécurité sur le long terme, et du même coup, deux nouvelles sources de profits pour nous.

Cette perspective à long terme s'applique aussi pour nos clients. On a plusieurs partenariats qui durent depuis très longtemps, des clients qu'on est allés chercher dans notre toute première année et avec qui on chemine depuis. Une stratégie qui est de plus en plus importante pour la pérennité de toute compagnie[19]. On préfère les relations à long terme aux contrats ponctuels parce qu'elles nous permettent de nous concentrer sur le succès de nos clients au fil du temps, pas en faisant tout reposer sur le succès d'une seule campagne. Cela dit, on ne tient aucun de nos clients pour acquis – chacun de nos contrats à long terme inclut une période de préavis mentionnant que le partenariat peut prendre fin d'ici 90 jours ou moins.

Quand vous vous débarrassez de cette vision trimestrielle, vous créez une entreprise plus pérenne qui peut générer des profits pour les années à venir. Pas juste pour trois mois.

Ancien siège social de Chiat/Day conçu par Frank Gehry dans le quartier Venice de Los Angeles, en Californie. Même avec des jumelles, peu nombreux sont ceux qui auraient pu voir venir l'acquisition de cette agence férocement indépendante par la société de portefeuille Omnicom en 1995.

→

55 Repenser sa grande finale

Préparez le succès de vos successeurs en leur donnant un plan qui exclut la vente.

On va conclure ce livre sur une note personnelle venant de Chris, Tom et Ian, le trio fondateur de Rethink.

Au cours des 20 dernières années, bâtir une compagnie créative forte et prospère s'est avéré incroyablement stimulant et gratifiant. Aussi difficile que ça puisse être de mettre sur pied et d'établir une compagnie à partir de rien, il peut être encore plus ardu de vous en séparer quand le temps est venu. Moins de 10 % des entreprises réussissent à mener à bien un plan de succession[20]. Notre plus grand défi a été de décider comment on réussirait à dire au revoir tout en s'assurant que Rethink reste une agence vibrante et indépendante.

En tant qu'entrepreneurs fondateurs et propriétaires, on s'est engagés à fond depuis le tout début. On a passé les premières années à se mêler de chaque aspect de l'agence, en la faisant croître et en l'amenant plus loin. Chemin faisant, on a appris beaucoup, on a pris des risques calculés et on a réussi à connaître du succès de manière constante (on fait partie du top 10 des agences canadiennes depuis 20 ans, et ça continue). Mais ça, c'était la partie facile.

À un certain point, on s'est rendu compte qu'on ne pourrait pas être présents pour toujours. Être dans la cinquantaine auprès de clients dans la vingtaine, ce n'est pas particulièrement flatteur ou bon pour l'image. On s'est retrouvés à la croisée des chemins : on pouvait vendre Rethink à une multinationale et abandonner tout ce qu'on avait défendu vigoureusement en tant qu'indépendants... ou on pouvait orchestrer une succession selon nos propres conditions. En bref, c'était l'heure de trouver le moyen de se tasser du chemin (voir Coaching 101, page 79).

Le premier indice nous indiquant que ce plan fonctionnerait peut-être est venu à nous quand on a pris, tous les trois fondateurs, un congé sabbatique de 10 semaines à notre dixième anniversaire d'entreprise. (À notre retour, on a instauré le droit au congé sabbatique pour tous les Rethinkers atteignant leur dixième anniversaire de service.) On a découvert qu'en sortant du bureau pour une longue période, on permettait à d'autres de prendre de la place et d'endosser les responsabilités. On aurait dit que plus on donnait d'espace aux gens, plus ils voulaient se montrer à la hauteur. Prendre du temps à l'écart nous a fait réaliser que Rethink pouvait parfaitement bien survivre sans notre implication au quotidien. C'est à ce moment-là qu'on s'est promis de rester indépendants jusqu'à la toute fin.

Après avoir eu recours aux services d'un spécialiste de la succession corporative, on a établi une approche graduelle pour se retirer. L'étape un, c'était de choisir et de préparer la prochaine génération de leaders. Un groupe d'associés principaux incluant des représentants des rôles créatifs, administratifs et stratégiques a été sélectionné pour chaque bureau. On a investi dans le mentorat des personnes de la prochaine génération en passant autant de temps que possible avec elles.

Ensuite, on a pris un pas de recul. Très présents au quotidien, on devait évoluer vers une vocation de coach ou de mentor (c'était peut-être le plus difficile à faire pour des gars qui aiment se salir les mains). On a instauré la pratique du tête-à-tête avec les fondateurs (page 73), un point de contact régulier pour le mentorat assurant que tout le monde a son moment avec l'un de nous. En plus des mises à jour bimensuelles avec les associés principaux de chaque bureau et les réunions trimestrielles avec tout notre groupe d'associés.

Après avoir annoncé et détaillé ce plan à l'interne lors d'une réunion annuelle avec tous les employés, il n'était plus question de rebrousser chemin. La prochaine étape était physique : on a relocalisé nos bureaux, qui étaient au cœur de l'action dans les bureaux de Vancouver, à un espace beaucoup plus tranquille, un étage en dessous. Ce déménagement a envoyé le signal à tous les employés que le flambeau avait officiellement été passé.

Au fil du temps, on va continuer à réduire notre présence au bureau. On sera toujours disponibles pour des réunions précises, des *pitchs* ou des événements, mais on opérera plutôt à titre de CA. Et avec les années, on a appris qu'être un bon leader, c'est laisser les autres prendre des décisions et faire des erreurs. Les gens apprennent dans l'action, pas simplement en regardant.

On sait que la seule manière de faire fonctionner notre succession, c'est en faisant pleinement confiance à la prochaine génération de Rethinkers et en leur offrant une supervision lorsque nécessaire, puis en leur donnant le temps et l'espace dont ils ont besoin pour réussir. On est aussi prêts à leur donner le volant et des actions dans l'entreprise.

On a vraiment hâte de voir ce que Rethink va repenser dans les années à venir.

Ian, Tom et Chris.

Les tapes dans le dos

Ce livre est en préparation depuis plus de 20 ans.

Il représente la somme de tout ce qu'on a «repensé» à ce jour. Ainsi, c'est le résultat de la contribution de dizaines de personnes.

Avec les années, plusieurs des outils présentés dans ce livre ont existé d'abord sous forme de traditions verbales passées d'un DC à une équipe créative, ou d'un directeur de compte à un stagiaire.

Comme notre 20ᵉ anniversaire approchait, on a décidé de codifier le meilleur de notre philosophie. Pour lancer le projet, on a tenu une journée R+D pendant laquelle l'agence était divisée en équipes de quatre ou cinq personnes de différents départements. Chaque équipe avait le mandat d'écrire un chapitre de ce livre accompagné de quelques idées de visuels «rapides et brouillon».

Plusieurs de ces idées apparaissent dans le produit final. On donne une sincère tape dans le dos à tous les Rethinkers pour leur contribution pendant cette semaine à la fois occupée et excitante.

Pour créer un tout cohérent, on a attribué à l'associée de Rethink Morgan Tierney le travail colossal d'écrire un premier jet du livre. Trente mille mots plus tard, on est arrivés à un point de départ nous permettant de poursuivre l'exploration visuelle. On a sélectionné une équipe de rédacteurs, de designers et de directeurs artistiques de partout au pays et on leur a confié chacun un chapitre. Ils devaient raffiner et faire évoluer le texte et le concept visuel.

Merci à toutes ces personnes pour leur contribution : Andrew Alblas, Eric Arnold, Alex Bakker, Marie-Sarah Bouchard, Charmaine Cheng, Julie Day-Lebel, Florence Dery, Karine Doucet, Dustin Gamble, Jake Hope, Evan Kane, Jordon Lawson, Jake Lim, Max Littledale, Liana Mascagni, Abrienne Miller, Sean O'Connor, Sheldon Rennie, Leia Rogers, Pamela Rounis, Maxime Sauté, Rob Tarry, Hans Thiessen et Ashley Visvanathan.

Merci à notre assistante à la recherche, Marie Horgan, pour avoir rédigé avec ténacité toutes nos références et à Paul Budra pour avoir rendu le stage de Marie possible.

L'alchimie finale de mots et de visuels s'est développée pendant de nombreuses semaines au studio de notre bureau de Vancouver. Merci à tous ceux qui ont touché au livre : Narine Artinian, Jonathan Cesar, Jan Day, Linda Dumont, Steve Holme, Ken Malley, Thomas McKeen et Scott Russell.

Aussi, une tape dans le dos spéciale à nos chargés de projet qui ont su garder le train sur les rails tout au long du processus : Maddy Delage, Makena Heathfield, Alex Lefebvre, Aglaé Pagé-Duchesne et Megan Park.

Enfin, un merci tout autant spécial à l'équipe de la maison d'édition Figure 1 Publishing pour sa présence et ses conseils du début à la fin. Son expertise nous a permis d'élargir notre lectorat en dehors du monde de la publicité et du design. Merci à Chris Labonté, Michael Leyne, Naomi MacDougall, Michelle Meade, Richard Nadeau, Mark Redmayne, Lara Smith et Jessica Sullivan.

Un dernier merci à nos partenaires de vie – Jennifer, Roxanne et Steve – et à nos proches qui nous soutiennent jour après jour. Vos conseils et vos indispensables mises en perspective ont fait toute la différence.

Notes

1. «The Benefits of Bringing Pets to Work». University of Southern California, *Master of Science in Applied Psychology* (blogue), visité le 24 mai 2019, https://appliedpsychologydegree.usc.edu/blog/the-benefits-of-bringing-pets-to-work/; et Evans, Lisa. «Your Best New (Furry) Employee». *Canadian Business Online*. 21 juin 2013. https://www.canadianbusiness.com/leadership/your-best-new-furry-employee/. Les publications sur le blogue du MAPP soulignent comment les animaux domestiques – généralement les chiens – permis sur les lieux du travail améliorent l'équilibre travail – vie personnelle et la productivité, et diminuent le stress. Des exemples provenant de compagnies comme Inverse-Square et Etsy, qui ont toutes deux encouragé la présence d'animaux de compagnie dans leurs bureaux, mais aussi d'études et de sondages, prouvent que les risques associés à la présence d'animaux sur les lieux de travail (liés aux allergies ou à la sécurité, par exemple) sont largement surpassés par les bénéfices. La Journée mondiale du chien au travail de 2013 a été l'occasion pour Evans d'ouvrir cette discussion sur les effets de ces animaux sur le stress des employés. Liz Palika, l'autrice du livre *Dogs at Work*, relève que les «employés sont généralement plus heureux dans un environnement de travail où il y a des chiens». Selon un sondage du magazine *Modern Dog*, 65% des lecteurs accepteraient même un emploi moins payant pour travailler dans un bureau où les chiens sont acceptés.

2. Duggan, Bill. «The Five Biggest Trends on the State of Ad Agencies Now from the Digiday Agency Summit». Marketing Maestros (blogue). *Association of National Advertisers*. 30 octobre 2015. https://www.ana.net/blogs/show/id/37368; Schimel, Elliot. «Employees Crave Career Development. So Why Are Agencies Ignoring It?». *Adweek*. 13 mars 2018. https://www.adweek.com/agencies/employees-crave-career-development-so-why-are-agencies-ignoring-it/; Schimel, Elliot. «The 2.5% Rule: A New Approach to Reducing Agency Turnover». Forbes Community Voice. *Forbes*. 7 décembre 2017. https://www.forbes.com/sites/forbesagencycouncil/2017/12/07/the-2-5-rule-a-new-approach-to-reducing-agency-turnover/ #779e3d98288d;

et Wisniewski, Mark. «Turnover Continues to Cost Ad Agencies». *NetSuite* (blogue), 15 novembre 2017. http://www.netsuiteblogs.com/turnover-continues-to-cost-ad-agencies.

Les participants au *Digiday Ad Summit* de 2015 avaient l'occasion de relater les défis auxquels ils faisaient face dans leurs agences respectives et de les publier sur le «Digiday Challenge Board». Selon Duggan, le roulement des employés «était ce qui remportait le plus de mentions, et de loin ». Avec un taux de roulement moyen de 30 % dans les agences et certaines compagnies comme Deloitte, IBM, Accenture et Epsilon qui commencent à offrir des services de consultation en marketing en plus de leurs services réguliers, le marché des talents est en train de devenir encore plus compétitif.

Dans *Adweek,* Schimel s'interroge sur les causes du roulement des employés en agence (estimé à environ 30 % en moyenne dans l'industrie de la publicité par le magazine ANA) en évaluant la manière dont les agences répondent aux demandes des millénariaux. «Les millénariaux recherchent la stabilité et une compagnie où ils pourront s'épanouir», affirme Schimel. Mais au lieu de «prioriser le développement professionnel», les agences se vantent de leurs «avantages au bureau» (c.-à-d. des margaritas gratuites le lundi). En d'autres mots, il y a donc un fossé entre ce que les agences croient que leurs employés millénariaux désirent et ce que ces employés veulent réellement. C'est pourquoi les agences perdent leurs personnes de talent.

Les préoccupations de Schimel sont semblables à celles qu'il exprime dans l'article cité ci-dessus, mais ici, il explique comment les agences pourraient attaquer leur problème de roulement. Pour régler le problème du manque de développement professionnel, qui est souvent négligé en faveur du développement «d'une culture qui ne repose que sur les avantages », Schimel propose que chaque employé des postes d'entrée et des postes intermédiaires d'une agence reçoive 50 heures de séances de développement professionnel par année. (Dans une semaine de 40 heures, cela représente 2,5 % du temps d'un employé.)

3. «Understanding the Stress Response». *Harvard Health Publishing*, Harvard Medical School. 1er mai 2018. https://www.health.harvard.edu/staying-healthy/understanding-the-stress-response.

Cet article explique comment le cerveau répond au stress et le traite en utilisant le mécanisme de «fuite ou combat ». L'amygdale (une zone du cerveau qui contribue au traitement des émotions) reçoit un stimulus de danger ou de détresse et envoie un signal d'alarme à l'hypothalamus (le centre de contrôle du cerveau). À partir de là, notre système nerveux sympathique s'active. L'article offre aussi des conseils pour contrer le stress chronique, comme la relaxation, l'activité physique et le soutien social.

4. Bandura, Albert, Bill Underwood et Michael E. Fromson. «Disinhibition of Aggression through Diffusion of Responsibility and Dehumanization of Victims». *Journal of Research in Personality* 9, n° 4 (1975): 253-269; Darley, John M. et Bibb Latané. «Bystander Intervention in Emergencies: Diffusion of Responsibility ». *Journal of Personality and Social Psychology* 8, n° 4, pt 1 (1968): 377-383; et Wallach, Michael A., Nathan Kogan et Daryl J. Bem. «Diffusion of Responsibility and Level of Risk Taking in Groups ». *The Journal of Abnormal and Social Psychology* 68, n° 3 (1964): 263-274.

Dans cette étude classique, on a donné aux sujets l'occasion d'employer des mesures punitives envers divers groupes tests dans des scénarios comportant des niveaux de responsabilité variables. Plus le sens de la responsabilité des sujets devenait diffus – c'est-à-dire quand ils se sentaient moins personnellement responsables des conséquences de leurs actions – plus leur niveau d'agressivité augmentait. La diffusion de la responsabilité diminue la productivité – ce qui nous a poussés à éviter les briefs de groupe (page 39) – mais quand elle génère de l'agressivité, elle peut aussi tuer la camaraderie et la coopération.

Darley et Latané analysent les enjeux du phénomène de la diffusion de la responsabilité dans des situations d'urgence, en utilisant l'exemple d'un individu pris d'une crise d'épilepsie dans un endroit public. Ils ont trouvé une corrélation positive entre la présence d'autres observateurs et l'inaction d'une personne à aider la victime. Aucune corrélation n'a été établie avec le sexe des observateurs. En d'autres mots, plus il y a de personnes présentes, qu'il s'agisse d'hommes ou de femmes, moins elles sont susceptibles d'intervenir.

Dans cette étude abondamment citée, Wallach et al. concluent que lorsque de vrais risques et des récompenses sont en jeu, la prise de décision en groupe menant à un consensus augmente la proportion de risques encourus et ce, à cause du phénomène de diffusion de la responsabilité. Dans un groupe, chaque membre se sent moins responsable des conséquences d'une décision que s'il l'avait prise seul. On est donc plus à l'aise en groupe avec de plus grands risques.

5. Koh, Aloysius Wei Lun, Sze Chi Lee et Stephen Wee Hun Lim. «The Learning Benefits of Teaching: A Retrieval Practice Hypothesis». *Applied Cognitive Psychology* 32, nº 3 (2018): 401-410.
Cette étude cherchait à comprendre pourquoi les gens apprennent plus rapidement en enseignant. Les participants étaient divisés en quatre groupes: le premier devait résoudre des problèmes mathématiques, le deuxième devait enseigner sans avoir droit à des notes (pour pratiquer la rétention d'information), le troisième devait enseigner en ayant droit aux notes (donc sans mémoriser l'information) et le quatrième n'enseignait pas du tout, mais devait s'exercer à retenir de l'information. Dans un test final de la compréhension ayant lieu une semaine plus tard, les résultats du groupe enseignant avec des notes et de celui pratiquant seulement la rétention d'information ont largement surpassé ceux des deux autres groupes, ce qui suggère que les avantages des apprentissages liés à l'enseignement seraient liés à la rétention de l'information.

6. Jerejian, Ailsa C.M., Carly Reid et Clare S. Rees. «The Contribution of Email Volume, Email Management Strategies and Propensity To Worry in Predicting Email Stress among Academics». *Computers in Human Behavior* 29, nº 3 (2013): 991-996; et Marulanda-Carter, Laura. «Email Stress and Its Management in Public Sector Organisations» (thèse de doctorat). Loughborough University. 2013. https://dspace.lboro.ac.uk/2134/14196.
Jerejian et al. ont sondé 114 membres universitaires australiens pour explorer les causes du stress lié aux courriels. Deux sources importantes d'augmentation du stress ont été établies, soit la propension individuelle à s'inquiéter et le volume de courriels, alors que la gestion des courriels n'y changeait rien. Les résultats suggèrent que le stress relié aux courriels affecte la performance au travail, donc toute tentative de réduction du stress des employés devrait inclure la correspondance par courriel.

Marulanda-Carter a étudié l'utilisation des courriels dans une organisation non mentionnée dans le but de comprendre le stress occasionné par ceux-ci et de trouver des stratégies d'atténuation. Elle a découvert que les courriels augmentent les symptômes de stress physiologiques chez les employés, soit la pression sanguine, le rythme cardiaque, le taux de cortisol et le stress perçu. Ils entraînent aussi des effets psychologiques, qui créent «un détachement social, du blâme et une culture où les gens se protègent». Il n'est pas prouvé que les périodes sans courriels amélioreraient la situation, mais d'autres stratégies (classement des courriels, plages horaires

réservées à la lecture des courriels) pourraient aider.

7. Patel, Neil. «The Psychology of Checking Your Email». *HubSpot* (blogue). 23 septembre 2015. https://blog.hubspot.com/marketing/psychology-of-checking-email.
Patel cite de nombreuses études et expériences qui démontrent à quel point les courriels sont distrayants et stressants. Ils contribuent aussi à la procrastination et à un sentiment d'abandon. Les gens vérifient constamment leur boîte de courriels de façon addictive à cause du «conditionnement opérant», le principe simple de faire une action (regarder ses courriels) et d'obtenir une récompense (des courriels!). Allouer une certaine période aux courriels seulement aide à réduire le stress. Les publicitaires utilisant les courriels devraient garder cela en tête lorsque vient le temps de bâtir des campagnes en y incluant des offres qui diminuent le stress, par exemple.

8. Achor, Shawn. «The Benefits of Peer-to-Peer Praise at Work». *Harvard Business Review*. 19 février 2016; et Bersin, Josh. «New Research Unlocks the Secret of Employee Recognition». *Forbes*. 13 juin 2012.
Achor s'intéresse aux façons d'implanter les programmes de reconnaissance entre pairs comme ceux de Globoforce, qui permettent aux employés de publier des félicitations quotidiennes destinées à leurs pairs. Ces nominations sont publiées sur le fil d'actualités interne de la compagnie pour que tout le monde puisse les voir. Selon Achor, permettre à tous les employés de féliciter ouvertement leurs pairs, peu importe

leur statut dans la compagnie, favorise un environnement de travail plus productif et plus motivant.

Bersin se penche sur les pratiques de reconnaissance des employés, comme offrir des montres en or, des écussons, des distinctions de remerciement, des plaques, etc. Il nomme un problème criant : ces reconnaissances sont généralement obtenues avec l'ancienneté. Les gens sont récompensés parce qu'ils sont restés à l'emploi longtemps, mais les récompenses basées sur l'ancienneté « n'ont pratiquement aucun impact sur la performance organisationnelle ». Ce système est toutefois en train de changer, soutient Bersin en se basant sur la recherche de Forbes sur les compagnies qui se positionnent dans le top 20 % de celles qui arrivent à bâtir « une riche culture de la reconnaissance ». Ces cultures permettent un taux de roulement volontaire qui est 31 % plus bas. Une partie significative de cette culture repose sur la reconnaissance entre les pairs – autant en personne entre collègues que sur des plateformes numériques comme Globoforce et Achievers. Les employés répondent généralement de manière plus enthousiaste dans cette situation que lorsqu'ils reçoivent une reconnaissance venant du haut de la hiérarchie.

9. Bloom, Nicholas, James Liang, John Roberts et Zhichun Jenny Ying. « Does Working from Home Work? Evidence from a Chinese Experiment ». *The Quarterly Journal of Economics* 130, n° 1 (2015) : 165-218.
Cette étude qui démontre pourquoi le travail à partir de la maison fonctionne est peut-être la plus fréquemment citée à ce sujet. Pour tester la productivité, des chercheurs de Stanford ont analysé le cas de Ctrip, une agence de voyages chinoise cotée au NASDAQ employant 16 000 personnes. Ils ont demandé à des employés du centre d'appel choisis au hasard de travailler de la maison ou du bureau. Après neuf mois, les employés qui travaillaient à domicile avaient connu une augmentation de 13 % de leur performance. De ce pourcentage, 9 % était attribuable à plus de minutes travaillées par quart de travail (moins de pauses et de journées de maladie) et 4 % s'explique par le plus grand nombre d'appels par minute. L'étude associe cette augmentation à l'environnement plus tranquille et pratique de la maison. Compte tenu du succès de l'étude – et des bienfaits qualitatifs additionnels de la satisfaction au travail et du bien-être accru des employés – Ctrip a autorisé tout son personnel à travailler à partir de la maison.

10. Achor, Shawn et Michelle Gielan. « The Data-Driven Case for Vacation ». *Harvard Business Review*. 13 juillet 2016 ; et Sifferlin, Alexandra. « Here's How to Take a Perfect Vacation ». *Time*. 7 août 2017.
Les données récoltées en partenariat avec l'association américaine du tourisme démontrent que dans les quinze dernières années, les employés ont perdu près d'une semaine de vacances par choix. Achor et Gielan suggèrent que l'essor des technologies visant à faire gagner du temps a ironiquement fait augmenter le temps que les employés passent à travailler. Cela s'explique en partie par les appareils personnels qui font en sorte qu'il est plus ardu de se détacher du travail. C'est aussi un symptôme d'une « culture de la productivité », soutenant que de prendre des congés, même si ce temps est payé, ne permet pas d'« avancer ». Mais comme le révèlent leurs données, dans 94 % des cas, les vacanciers reviennent au travail beaucoup plus énergisés et productifs. C'est pourquoi les compagnies devraient encourager leurs employés à prendre des vacances.

Sifferlin met l'accent sur la raison pour laquelle les vacances sont nécessaires et sur la façon de les planifier efficacement. « Si elles sont mal planifiées, observe-t-elle, les vacances peuvent aussi conduire à davantage de stress. » S'appuyant sur une étude publiée par *Harvard Business Review*, elle souligne que près d'un tiers des 414 participants rapportant avoir eu de « mauvaises vacances » admettaient également les avoir planifiées de manière expéditive. Dans la même étude, 94 % des participants étaient retournés au travail avec un niveau d'énergie égal ou supérieur à celui précédant leur départ. Sifferlin insiste donc sur le fait que non seulement les employés devraient prendre des vacances pour réduire leur stress, mais qu'ils devraient aussi prendre du temps pour les planifier correctement afin de maximiser les bienfaits d'un détachement du travail.

11. Page, Graham. « Engaging Consumers' Brains: The Latest Learning ». *Millward Brown Online*. Mai 2007. http://www.millwardbrown.com/docs/default-source/insight-documents/points-of-view/MillwardBrown_POV_EngagingConsumersBrains.pdf.

Quand on est confronté à de nouveaux concepts, explique Page, notre cerveau les assimile en se basant sur trois critères : la connaissance (qu'est-ce que c'est ?), l'expérience (à quoi ça sert ?) et l'émotion (associations fondées sur les valeurs). Pour être conscient de quelque chose, chacun de ces trois aspects doit être assemblé sous forme de « représentation » dans nos « espaces de travail mentaux ». Notre cerveau peut seulement travailler sur un à la fois, et seulement trois ou quatre peuvent coexister au même moment dans un espace de travail. Ils sont donc classés en ordre de priorités selon leur importance et leur pertinence. Pendant que notre cerveau travaille là-dessus, il lui arrive de « cligner des yeux », créant des moments « aveugles » pendant lesquels aucune nouvelle information ne peut être traitée.

Pour des publicitaires, cela veut dire que leurs messages doivent retenir l'attention de leur public en incluant ces trois critères, et ce, à un moment et dans un lieu qui leur permettent d'être perçus comme pertinents. Ces messages doivent être brefs et clairs. Un message de marque trop stimulant pour le cerveau est contre-productif, parce qu'il ne peut tout simplement pas emmagasiner autant d'information.

12. Lee, Lara et Daniel Sobol. « What Data Can't Tell You About Customers ». *Harvard Business Review*. 27 août 2012; et Samuel, Alexandra. « New Data Reveals What Social Media Analytics Can't Tell You About Your Customers » (infographie). *Vision Critical*. 14 avril 2019. https://www.visioncritical.com/blog/social-customers.

Lee et Sobol abordent la tendance d'utiliser « de grandes quantités de données générées par les utilisateurs pour guider leur innovation et les nouveaux produits et services qu'elles offrent ». Ils soutiennent que l'exploitation des données n'équivaut pas à développer son « intelligence client », malgré le fait que ce soit pratique courante dans beaucoup d'industries. Les données « révèlent *ce que font les gens*, mais pas *pourquoi* ils le font » – elles ne donnent pas de vérités sur le comportement humain. En développant sa gamme Green Works de produits nettoyants sans dangers pour l'environnement, l'entreprise Clorox a adopté une approche centrée sur l'humain plutôt que sur les données. À l'aide d'entrevues menées dans des maisons et d'études ethnographiques, elle a découvert des faits qui l'ont aidée à « élargir considérablement » son marché. Ces informations n'auraient pas pu être obtenues à partir de données.

Vision Critical a analysé les données combinées des réseaux sociaux et d'intelligence du consommateur de trois entreprises et a découvert que même si 85 % des informations des médias sociaux provenaient d'« enthousiastes » (des consommateurs qui publient cinq fois ou plus par semaine), ce groupe représentait seulement 29 % de l'audience « sociale » d'une entreprise. En d'autres mots, une grande quantité de données collectées ne représente qu'un groupe relativement petit. Pour maximiser l'engagement des consommateurs via les médias sociaux, les compagnies doivent aussi cibler des clients qui ne se classent pas dans la catégorie des « enthousiastes », comme les

« observateurs » ou les « occasionnels », par exemple.

13. Cohen, David. « New Study Highlights How Much People Dislike Digital Ads ». *Adweek*. 22 mars 2018. https://www.adweek.com/digital/new-study-highlights-how-much-people-dislike-digital-ads/; Willner, Max. « New Data on Why People Hate Ads: Too Many, Too Intrusive, Too Creepy ». *VIEO Design*. 6 septembre 2018. https://www.vieodesign.com/blog/new-data-why-people-hate-ads; et Newman, Daniel. « Research Shows Millennials Don't Respond to Ads » *Forbes*. 28 avril 2015.

Cohen commente une étude publiée par Instart Logic, une plateforme de gestion d'expérience numérique, et Propellor Insights, une entreprise d'étude de marché qui a sondé plus de 1 000 adultes et découvert qu'ils étaient généralement « irrités » par la publicité en ligne. Qu'il s'agisse d'expériences sur les sites de médias sociaux, de vente en ligne ou d'actualités, les participants n'aimaient pas que la consultation de leur contenu soit interrompue par des annonces et le fait que ces dernières contribuaient à faire boguer l'application ou le site Web en question. Cohen ne va pas jusqu'à dire que les participants « détestaient » les publicités dans ces situations, mais ils étaient très clairement en faveur des sites hébergeant moins de publicités.

Comme Willner le souligne, plusieurs sondages auprès des consommateurs confirment la croyance populaire selon laquelle les publicités sont de plus en plus envahissantes, désagréables et intrusives : 87 % des consommateurs ont l'impression qu'il y a plus de publicités aujourd'hui qu'il y a deux ou trois ans, et 91% des consommateurs trouvent que les publicités sont trop intrusives. De ce groupe, 79 % se sentent pourchassés par des publicités ciblées. Les fenêtres jaillissantes, le remarketing et les vidéos qui démarrent automatiquement sont parmi les exemples les plus communs de ce qu'on retrouve dans les plaintes des consommateurs. Ces plaintes ne se traduisent pas toujours par un blocage total des publicités, mais plutôt un blocage de certaines pubs plus «désagréables».

Newman discute de recherches démontrant que les décisions d'achats des millénariaux sont moins influencées par les campagnes que par leurs amis sur les réseaux sociaux. Leur dégoût des publicités, plus particulièrement des publicités ciblées, a «bouleversé les stratégies de marketing traditionnel», affirme Newman. Selon lui, les marques devraient répondre en «créant des communautés» autour de leurs produits (sur Facebook) pour que les millénariaux puissent apprendre à faire confiance à une marque de la même manière qu'ils font confiance à leurs amis et à leurs réseaux.

14. Harden, Adam. «How Much Redundancy is Too Much Redundancy?». *NASA Safety and Mission Assurance Directorate*. Novembre 2017; et Kerner, Sean Michael. «What NASA Can Teach Enterprises About Redundancy». *eWeek*. 31 décembre 2013.
La présentation de Harden explique comment la NASA intègre des redondances techniques dans ses fonctions de sécurité et de non-sécurité afin de s'assurer de la fiabilité de

ses systèmes. Harden se penche sur des problèmes types concernant les lignes de communication entre des terminaux distants et les ordinateurs des véhicules pour tester comment l'ajout d'un train redondant affecte la probabilité de défaillance. Il conclut que les redondances peuvent améliorer la fiabilité jusqu'à 93 %.

Kerner explique comment les astronautes de la NASA Rick Mastracchio et Mike Hopkins ont retiré une pompe à ammoniac défectueuse à bord de la Station spatiale internationale (ISS) et en ont installée une nouvelle qui se trouvait déjà à bord de la station comme pièce de rechange. Il va de soi que dans l'espace, «les pièces de rechange ne sont pas faciles à obtenir». Kerner insiste sur le fait que même sur Terre, les compagnies devraient elles aussi voir la redondance comme étant logique, plutôt que de la voir comme un luxe.

15. Doubek, James. «Attention, Students: Put Your Laptops Away». *NPR Weekend Edition Sunday*. 17 avril 2016. https://www.npr.org/2016/04/17/474525392/attention-students-put-your-laptops-away; Klemm, William R. «Why Writing by Hand Could Make you Smarter». *Psychology Today*. 14 mars 2013; et Murphy, Mark. «Neuroscience Explains Why You Need to Write Down Your Goals If You Actually Want to Achieve Them». *Forbes*. 15 avril 2018.
Doubek décrit une recherche de 2016 de science psychologique réalisée conjointement par des chercheurs de Princeton et de UCLA qui compare la rétention des notes prises par des étudiants à la main avec celle des

notes prises à l'ordinateur. Cette étude montre que la nature «plus sélective» d'une prise de notes à la main se prête mieux à un «traitement accru» de l'information reçue, ce qui mène ensuite à de plus hauts taux de rétention. Puisque les étudiants tapent sur un clavier plus vite qu'ils n'écrivent, ceux utilisant un ordinateur tentent de tout noter. Mais comme il s'agit d'une trop grande quantité d'informations à traiter efficacement, ceux qui écrivent à la main sont plus sélectifs et, ainsi, assimilent mieux l'information.

Klemm passe en revue une recherche sur la relation entre l'apprentissage de l'écriture cursive et le développement cognitif, particulièrement en ce qui a trait à la «spécialisation fonctionnelle», ou la capacité à une efficacité optimale. L'imagerie cérébrale révèle que lorsqu'une personne écrit, contrairement à quand elle tape à l'ordinateur, de multiples régions du cerveau sont activées et apprennent à travailler ensemble. Cela permet aussi de développer des capacités de catégorisation. Une étude de l'Université de l'Indiana, par exemple, a prouvé que le «circuit de lecture» des régions liées du cerveau s'active durant l'écriture, mais pas lorsqu'une personne tape à l'ordinateur.

Les gens qui notent leurs objectifs en détail par écrit sont jusqu'à 1,4 fois plus susceptibles de les accomplir que ceux qui ne le font pas. La raison, dit Murphy, c'est que le fait de les écrire améliore le processus d'«encodage» qui survient lorsque l'hippocampe analyse l'information reçue et décide de la discréditer ou de la conserver dans notre mémoire à long terme. Écrire nos buts renforce ce que les neuropsychologues appellent l'«effet génération» qui démontre que vous vous rappelez mieux le matériel généré par vous-même. En générant d'abord votre objectif à l'écrit pour ensuite faire de même avec les détails, il se retrouve «ancré dans votre cerveau».

16. Viney, R.A.E., J. Clarke et J. Cornelissen. «Making Meaning from Multimodality: Embodied Communication in a Business Pitch Setting». Dans *The SAGE Handbook of Qualitative Business and Management Research Methods: Methods and Challenges*. Édité par C. Cassell, A.L. Cunliffe et G. Grandy, 298-312. Londres, Angleterre : SAGE, 2017.
Ce chapitre explore la théorie de la multimodalité (l'idée selon laquelle le sens d'un message peut être véhiculé par des formes de communication non verbales) dans les contextes d'acquisition de nouveaux clients et d'idées de campagnes. Quand des entreprises lancent des idées à des clients ou à des collègues, le langage qu'ils utilisent est manipulé – consciemment ou non – par le langage corporel ou d'autres formes plus subtiles de communication. Les auteurs affirment que «le discours oral et le texte ne sont pas nécessairement vus comme les modes de communication dominants», mais plutôt comme des modes individuels parmi tant d'autres, qui interagissent pour produire du sens et, dans ce contexte, dans le but de convaincre quelqu'un du bien-fondé d'une idée.

17. MacLeod, Tara et Oliver Wyman. «New Research Identifies How Star Performers Grow from Within». *Market Leader*, n° 37
(été 2007); «What We Know About Internal Marketing and Employee Engagement». WARC Best Practice. *WARC*. Janvier 2019. https://www.warc.com/content/paywall/article/bestprac/what_we_know_about_internal_marketing_and_employee_engagement/112070; et Yakuel, Pini. «Why Promoting from Within Works». Forbes Community Voice. *Forbes*. 20 juin 2018. https://www.forbes.com/sites/forbescommunicationscouncil/2018/06/20/why-promoting-from-within-works/.

MacLeod et Wyman décrivent une étude comportant un sondage réalisé auprès de 200 entreprises aux États-Unis et en Europe. L'étude portait sur la création d'une culture d'entreprise basée sur la croissance organique. Une des meilleures pratiques consiste à faire évoluer des leaders au sein même de la compagnie au lieu d'embaucher des gens à l'externe pour occuper des postes de direction. En favorisant les possibilités de leadership auprès de vos employés dès leur embauche, leur potentiel augmente, tout comme les profits et la capacité d'innovation de votre compagnie.

Le marketing interne, selon la définition de WARC, concerne à la fois les employés du marketing et «tout effort de communication marketing destiné à attirer des employés potentiels dans votre entreprise». Les auteurs offrent 11 astuces pour aider les employés eux-mêmes à devenir des influenceurs, et par conséquent, à «jouer un rôle d'ambassadeur de marque de manière très efficace». Ils le font en abordant la manière dont les compagnies devraient voir leurs employés, les façons de les

responsabiliser et de les engager envers la compagnie, et comment toutes ces méthodes contribuent à la stratégie de marketing interne et à la croissance de la marque d'une entreprise donnée.

En se basant sur sa propre expérience comme PDG d'Optimove, une compagnie de développement de logiciels, Yakuel recommande deux façons de concevoir les promotions à l'interne : voir ces promotions comme un mariage avec un salaire, et accepter les erreurs. Le premier élément parle de l'importance des apprentissages : comme une jeune personne qui se marie, un employé qui vient de recevoir une promotion ne sait pas encore exactement ce qu'il fait. Mais s'il est dévoué à apprendre et à travailler en équipe, tout ira pour le mieux – surtout si un attachement émotionnel est en jeu. Le deuxième élément reconnaît la valeur de l'essai-erreur. Plutôt que de chercher le candidat idéal à l'extérieur de l'entreprise, n'ayez pas peur de faire le test avec des personnes déjà dans l'entreprise. Dans le pire scénario, vous vous rétractez. Mais plus vous devenez habile à flairer les capacités de vos employés, moins cette situation risque d'arriver.

18. Gruzelier, John. «A Theory of Alpha/Theta Neurofeedback, Creative Performance Enhancement, Long Distance Functional Connectivity and Psychological Integration». *Cognitive Processing* 10, n° S1 (2009) : 101-109; Lamberty, Erin. «Recharging Creativity: How to Plan an Inspiration Field Trip». *The Design Gym*. 29 avril 2016. https://www.thedesigngym.com/recharging-creativity-plan-inspiration-field-trip/; et Richards, Ruth. *Everyday Creativity*

and the Healthy Mind: Dynamic New Paths for Self and Society. Londres, Angleterre : Palgrave, 2018. Gruzelier se penche sur les effets de l'utilisation du *neurofeedback* pour améliorer le ratio ondes thêta et ondes alpha du cerveau. La technique avait originalement pour but d'induire l'hypnagogie, un état entre l'éveil et le sommeil associé à une créativité accrue. Gruzelier a découvert qu'il est possible de générer toute une gamme de résultats positifs, comme des performances optimisées en danse ou en musique, et un état de « béatitude méditative » quand les régions de notre cerveau interagissent d'une manière optimisant les circuits de performance et de communication, soit quand il y a une relation entre les ondes alpha et thêta. En d'autres mots, il existe un lien entre relaxation et créativité.

Les « excursions d'inspiration » entre employés leur permettent de développer un sentiment de communauté, mais selon Lambert, elles sont aussi « essentielles au processus créatif pour aider les cerveaux frais et dispos ». L'activité ne doit pas être liée au travail et doit être guidée par un sens de l'aventure. Par exemple, il pourrait s'agir d'une sortie au restaurant, d'une expérience de réalité virtuelle ou d'une séance de surf.

Richards utilise ce qu'elle appelle les « quatre P de la créativité » (produit, personnes, processus et presse) pour suggérer que la créativité est inhérente à tous, et qu'elle devrait être vue par tout le monde comme un processus du quotidien, un « mode de vie ». En combinant une approche académique et des encouragements personnels, son livre tente d'aider les gens à comprendre les conditions qui génèrent la créativité et à les intégrer dans leur vie.

19. Guerrieria, Martin. « Why Partnerships Are Proving Pivotal for Long-Term Brand Building ». *WARC Exclusive.* WARC. Novembre 2018. https://www.warc.com/content/paywall/article/warc-exclusive/why_partnerships_are_proving_pivotal_for_longterm_brand_building/124241; et Schwartz, Matthew. « Keeping within the Lines: How Brands in Regulated Industries Keep Their Marketing Fresh ». *ANA Magazine.* Septembre 2016.
En s'appuyant sur le palmarès des 100 marques les plus importantes compilé par BrandZ en 2018, Guerrieria observe que plusieurs marques de premier plan arrivent à améliorer leur expérience client en établissant « des partenariats stratégiques à long terme », ce qui leur permet de survivre aux perturbations du marché en faisant la promotion « de l'innovation et d'une différence significative ». La recherche de BrandZ révèle que les marques avec un score élevé dans ces deux domaines connaissaient une croissance annuelle de 11 %, alors que les marques avec un score faible, quant à elles, déclinaient de 37 %.

En utilisant Mike's Hard Lemonade comme étude de cas principale, Schwartz tente de découvrir « comment les marques peuvent produire des idées de marketing intéressantes, surprenantes et rafraîchissantes, et ce, malgré les nombreuses restrictions sur ce qu'elles ont le droit de montrer ». Pour Mike's, ces restrictions incluent une interdiction de montrer une consommation abusive et l'obligation de présenter des acteurs qui ont l'air d'avoir au moins 25 ans. La vigilance est alors la clé, et la conclusion de Schwartz est que « les règlements n'ont pas à être des obstacles »; les marques comme Mike's (ou celles dans d'autres secteurs réglementés, comme le cannabis, les assurances ou les finances, par exemple) peuvent utiliser les restrictions légales comme des tremplins pour inclure des surprises créatives ou des « rebondissements » dans leurs publicités.

20. « Business Succession Planning: Cultivating Enduring Value, Vol. 1, The Need for Planning ». Deloitte Development LLC, 2015. http://www.deloitte.com/us/dges/BusinessSuccessionPlanning.
Les statistiques de succession sont assez tristes : en utilisant l'exemple des entreprises familiales, ce texte démontre que 30 % d'entre elles survivent pour la deuxième génération, 12 % d'entre elles jusqu'à la troisième génération, et environ 3 % d'entre elles jusqu'à la quatrième génération (bien que les statistiques ne représentent pas des compagnies de toutes les structures). En général, « plusieurs entreprises privées font preuve d'un professionnalisme rigoureux et génèrent des profits enviables avec leurs opérations », mais elles « échouent souvent à bâtir un bon plan de succession et à opérer une transition vers la prochaine génération de leaders », et elles en souffrent conséquemment.

À propos de Rethink

Rethink a été fondée en novembre 1999 à Vancouver, en Colombie-Britannique, par Ian Grais, Tom Shepansky et Chris Staples.

Rethink, une agence indépendante, se veut un antidote aux agences multinationales. Dès nos débuts, on a adopté un modèle intégré alliant la stratégie, le design et le numérique pour résoudre les problèmes de communication.

Un bureau a été ouvert à Toronto en 2010, suivi d'un autre à Montréal en 2015. Au fil des ans, Rethink a été l'agence la plus régulièrement récompensée au Canada.

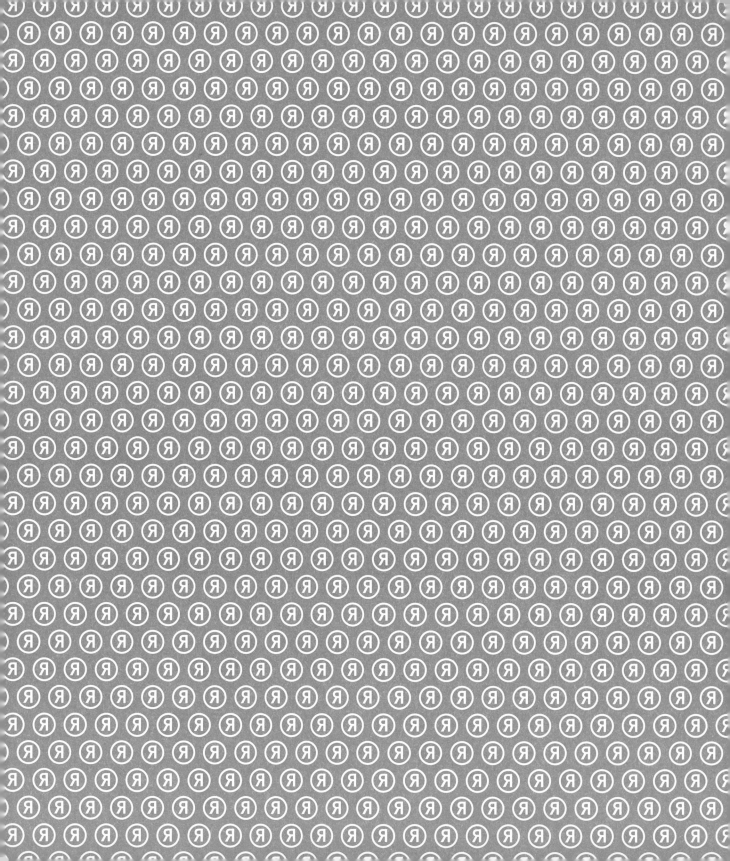